民國房地產戰爭

李開周 著

目次

導讀

第一章 民國房地產戰爭

第三章　從魯迅買屋看民初房市

第四章　民初房荒和廉價租屋

導讀

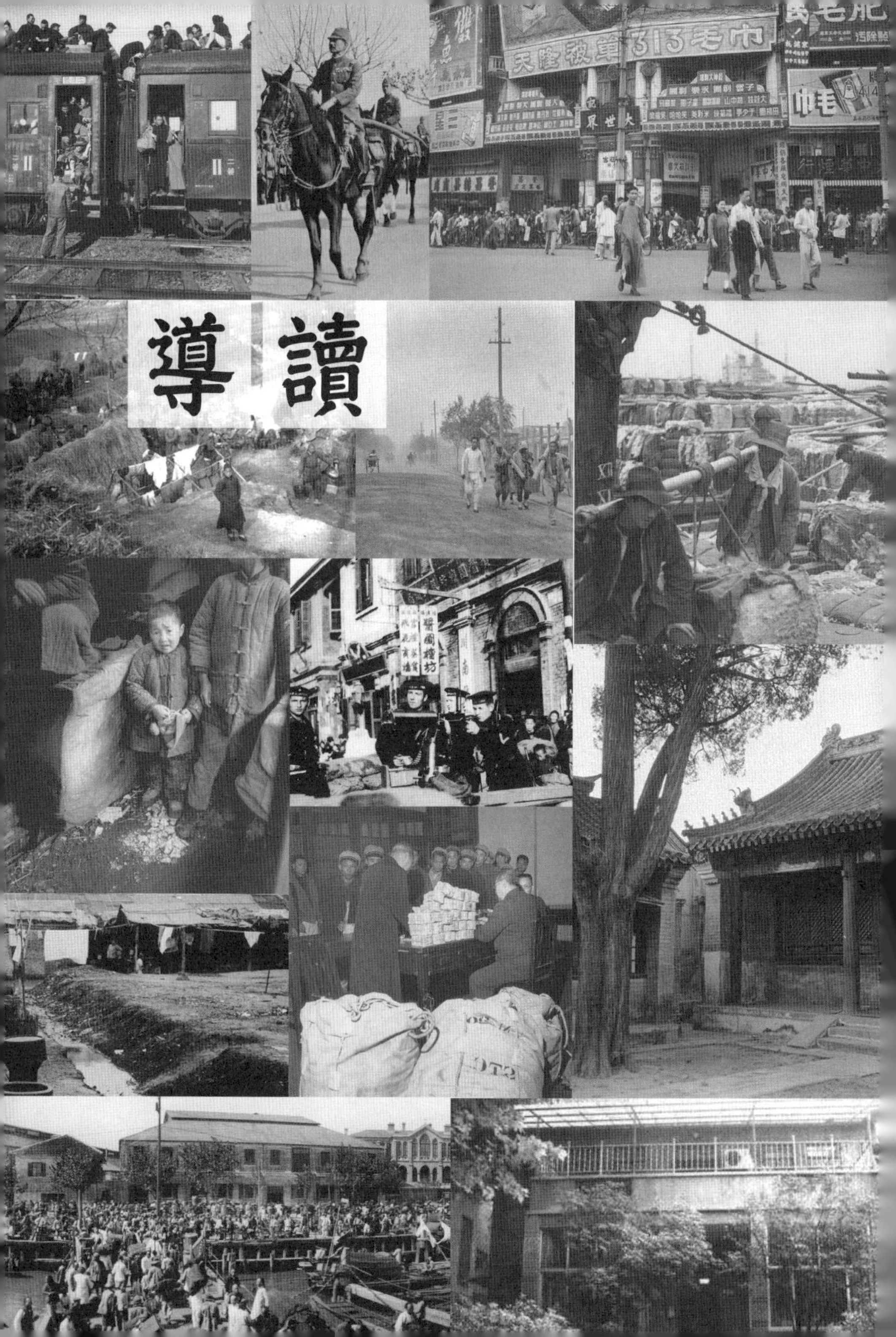

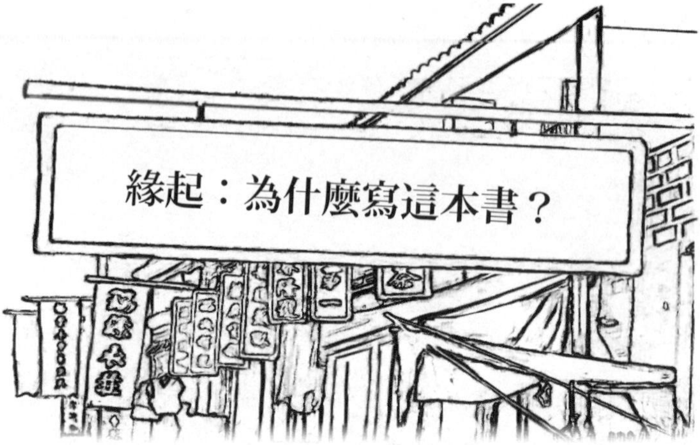

緣起：為什麼寫這本書？

佛家講因緣，認為諸法皆由因緣和合而生。換句話說，無論一個東西的形成，還是一件事情的發生，都是因為某些因素在偶然間湊到了一塊兒。

我原本是學理工的，畢業後做測量和預算，參與過一些地方的土地規劃，是一個編制外的技術人員，平日最大的樂趣是寫各種各樣的小程式。比方說工作時需要把測量誤差合理分配在圖紙上，而利用現有的軟體做不了，我就寫一個「平差計算器」，再導入所有的座標，一敲 ENTER 鍵，問題解決！於是我關了機，傲然四顧，瞧著同事們還在加班，幸福感油然而生。那時我的理想是考一張證照，從事專業程式設計，從沒想過有一天會寫文章，更沒想到寫書，即使想寫，也不會寫《民國房地產戰爭》這樣的書，因為興趣和特長都不在此，不具備寫這類書的機緣。

大約是二〇〇五年，專業程式工程師的理想還沒實現，上班前，有個前輩拿了一份報紙向我炫耀：「瞧，我太太編的報紙！」那是某家報紙的副刊，上面刊登的全是小品文，那位前輩的夫人正是副刊責編。我看了以後說：「這樣的文章我也會寫啊！」他不信，我就寫了一篇，請他轉交給他太太，結果發表了。我很興奮，覺得寫文章不比寫程式難，還有稿費拿，就繼續寫下去。寫了大半年，在網路上看見北京一家報紙在找專欄作者，我準備了四篇稿子發過去，獲得了編輯的認可，從此開始為這家報紙寫專欄，每星期寫兩次，每次一千字，每月稿費三、四千塊人民幣。

二〇〇六年五月，我連續拿了大半年稿費以後，把工作辭了，開始專職寫作，成為一位專業撰稿人，同時為四、五家報紙寫專欄。專欄需要固定的主題，我花了很多時間琢磨那時的報紙版面，發現所有的主題都有人寫，除了「房地產歷史」這一塊。房地產屬於經濟領域，我念大學時就對經濟有興趣；歷史則是我的閱讀偏好，從小就喜歡。所以我就選了「房產史」做為專欄的主攻方向，從此每天跑圖書館，翻讀正史，翻讀野史，翻讀墓誌，翻讀方志，翻讀別人輯錄的契約文書，翻讀古代名人的信劄、日記、行狀、年譜和詩集，從中尋找和房地產有關的部分，抄錄下來，回去慢慢研究。

中國古人重視歷史，但是不重視數字，關於地價和房價的文獻，關於不動產交易的記載，鴉片戰爭以前似乎從來就沒有專書問世，要想從浩瀚古籍裡把握過往房市的輪廓和細節，絕對不是一件輕鬆的事情。但惟其不輕鬆，做起來才更有「技術含量」，做為一沒錢財、二沒地位，只能透過炫耀技術來滿足虛榮心的老派青年，我心甘情願花力氣閱讀海量文獻，從中發現一些別人不願意關注或者不屑於關注的東西。我一邊發現，一邊把那些發現寫成專欄，就這樣為《新京報》寫了兩年半的「千年宅事」，為《深圳商報》寫了兩年的「千年房事」，為《南方都市報》寫了一年半的「民國房事」。

大半生都生在清朝、活在民初的齊如山先生雖然不是學者，但他說過治學的方法：「大家總是靠著幾本圖書，皓首窮經，一輩子不管別的事情，其實真正研究經學，永遠不會離開社會。如顧亭林為研究經學，各處去訪問，郝蘭皋著《爾雅義述》，也多靠實地調查。若要研究一國的政治，更是需要察看社會中的情形及政治的實際，才能洞知其真相，若研究其法律及公文等，那是不能真知道，且是絕對靠不住的。」我非常佩服齊如山先生的見地，所以在此借鑑他的話，相信研究「房產史」同樣離不開社會。從二〇〇七年開始，我試著透過不同的途徑和建商接觸，譬如說為他們撰寫預售屋介紹，或者為他們的雜誌寫專欄，或者借風水話題與策劃部的人深入聊天，目的無非是盡可能弄清楚當今的建案是怎麼一回事，以便對古代房市有更深的理解。因為我相信我們都是古人詐屍，都是今之古人，時代雖然變了，我們自私、奸詐、愚昧和鼠目寸光的人性沒有變。

和建商接觸的過程中，聊起我所知道的古代房市，並把以前寫的《千年房市：古人安心成家方案》（於二〇〇九年集結成書）給他們看，他們很感興趣，其中一位說：「民國初年離我們最近，你怎麼不寫寫民國初年的房價？」我怦然心動。那時是二〇一〇年，中國大陸出版界正猛刮懷舊民國風，我覺得這樣一本書既能結合時代熱點（房地產），又符合出版潮流（民國熱），值得一寫。

於是，重點蒐集民國初年的房市相關文獻，邊蒐集邊整理，兩年後，有了《民國房地產戰爭》這本書。

我想，假如不是當時那位前輩炫耀他太太負責的版面，我不會想到要去投稿；假如當初不投稿，我不會知道寫專欄也可以謀生；假如寫專欄無法謀生，我不會有時間泡圖書館；假如不泡圖書館，我就沒辦法從各種文獻裡整理出「房產史」的輪廓；假如不整理出「房產史」的輪廓，我不可能寫得了《千年房市：古人安心成家方案》；假如沒寫那本書，建商不可能建議我寫民國初年的房價；假如沒有人建議我寫民國初年，我絕對沒有動力完成這本《民國房地產戰爭》。這就是佛家說的因緣。

書名：為什麼叫「戰爭」？

這本書寫的是民國初年的房地產市場，直白一點的書名應該叫《民國房地產》，為什麼又在後面加上「戰爭」兩個字呢？原因有三：

一、民初是個經常打仗的年代，那時候過日子離不開戰爭，房地產市場也離不開戰爭。

比方說，很多地方房市正熱，一炮打過來，居民出逃，移民返鄉，有房的低價拋售，沒房的不再認購，房價和地價像燒餅上的芝麻一樣簌簌往下掉，新建商鋪空關，正在蓋的住宅停工，建商債臺高築，房地產市場崩盤；還有很多地方本來沒有太多購屋需求，只因為其他地方都在打仗，這裡成了和平孤島，難民像潮水一樣湧過來，有錢的四處買，沒錢的到處租，把房價和房租抬高了，也把這裡的房市捧紅了。

甭說房價、地價和房租經常受戰爭影響，生

活在民國初年的人，居住習慣同樣深受戰爭影響。很多人寧可租屋也不買房子，最重要的一個原因就是怕辛辛苦苦大半生買下的房子被亂飛的炸彈炸成平地，那時候的保險公司又不賠，豈不虧大了？所以無論有錢人還是沒錢人，每到一個城市定居，都是租房的多，買房的少。

這種居住習慣進而影響了建商的開發模式。在民國初年，出售房屋的房產公司極為少見，無論是不遠萬里來中國淘金的猶太建商，還是本小利薄、租地蓋屋的本土建商，也無論他們開發的是商業地產還是住宅專案，大家都偏好出租而非出售，因為這樣才能迎合消費者需求。那消費者為什麼偏愛租屋而不是買房子呢？因為老是有戰爭。

既然戰爭對於民國初年的房地產市場影響如此之大，幹嘛不乾脆加入「戰爭」兩字，取名為《民國房地產戰爭》呢？

二、「戰爭」這個詞能迎合多數讀者的閱讀偏好。

心理學家告訴我們，人類天生喜歡看熱鬧，尤其喜歡看打架，只要流的不是自己的血，只要交戰雙方的血不濺到自己身上，打架都能給人一種極大的感官刺激和心理滿足。如果您喜歡交戰雙方的其中某一方，還能把自己代入裡頭，在觀看的同時設想是自己在打架，把另一方打得頭破血流、跪地求饒，自豪感瞬間鋪天蓋地而來。正因為這些緣故，武俠小說曾經非常火紅（便於把自己代入），大型戰爭片從未退燒（打架的場面很大、很熱鬧）。所以我想，《民國房地產》一定沒有《民國房地產戰爭》吸引眼球。

靠書名來吸引眼球是「標題黨」的一貫做法，我對標題黨沒好感，可是書市上每年湧現那麼多新書，要是連書名都無法吸引眼球，大夥連翻開看一眼的興趣都不會有，是吧？

三、在這本書之前，已經有好多書以「戰爭」為名了。

上網搜尋一下，《貨幣戰爭》、《糧食戰爭》、《歐洲貿易戰爭》、《中國房地產戰爭》……琳琅滿目，俯拾皆是。這些書的內容和戰爭幾乎無關，但都綴上了「戰爭」的尾巴，我非始作俑者，不用怕有人罵。再說嘛，我這本書談的核心內容就是戰爭對於民國初年房地產的影響，名正言順，更不用怕有人罵了。

體例：關於注釋和延伸閱讀

我不是學者，這本書也非學術著作，但是學術書籍裡常見的東西，例如注釋和圖表，這本書裡一樣也不缺，某些注釋的字數可能比正文還要多。之所以要加上這麼多注釋，一是為了避免侵犯他人的著作權，二是為了體現本書的可信度。

本書援引了一些文獻，也使用了一些資料，這些文獻和資料絕大多數出自民國初年，作者基本上都已故去，可以稱之為「死人的研究成果」；還有極少數資料見於四〇年代以後，作者與提供者多半健在，可以稱之為「活人的研究成果」。佛家講究世法平等，無論死人還是活人，都要以誠敬之心對待其著作權，所以凡是引用別人研究成果的地方，注釋裡都會一一標明出處。

另外，書裡講述了很多神奇的現象（例如當時也有炒房，也有抵押貸款，也有大學生是蟻族），提出了一些大膽結論（例如戰爭抬升房價是歷史規律，影響房價的是社會心理而不是供需關係，民國初年居住在北京的成本在各大城市中排名靠後），如果沒有詳細的論證過程，如果不注明每一項敘述的文獻來源，您可能會以為我在信口雌黃。認為我信口雌黃也不要緊，怕的是您會把這麼一本含金量和性價比都很高的好書當成破爛一樣扔掉，那可就虧大了。

身為一個喜歡閱讀的人，我覺得注釋還能在閱讀中發揮「超連結」的功能，讓大夥在閱讀一本好書的同時，發現更多本好書。譬如說，您讀《民國房地產戰爭》第一章讀得興味盎然（請允許我做這麼一個想當然的假設），那麼您極可能也會對《赫德日記》、清人筆記、日本漫畫《艾瑪維多利亞導讀本》和天地會檔案產生興趣，因為它們都是第一章的「立論依據」，是注釋裡一再顯示的「超連結」。

當然，每個人都有他／她自己的閱讀習慣和閱讀偏好，沒有考據癖的讀者對注釋不感興趣，他／她們更偏愛流暢的閱讀，不想被注釋打斷。我尊重這種閱讀習慣，並建議抱持這種閱讀習慣的朋友連「延伸閱讀」也可以一併跳過去不讀。

「延伸閱讀」是我在本書某些章節後面附上的原始文獻。例如在〈西南聯大和昆明房市〉一節，談到抗戰時冰心和她丈夫吳文藻在昆明市區租房，後來敵機轟炸昆明，一家人只好離開市區，跑去呈貢租房。為了讓那些喜歡探尋細節的讀者瞭解敵機轟炸時房客逃難的場景，我在這一小節後面追加了冰心在昆明時期寫的一篇逃難小說做為「延伸閱讀」。再比如，第三章〈從魯迅買屋看民國房市〉談到民國初年的北京房價不高，但一般工人階層很難買房子，原因是收入太低，除去日常開銷後，沒剩下什麼積蓄。為了讓大夥弄清楚民國初年工人受薪階層收入和支出的大概情形，我在〈普通人買房難不難〉這一節後面加了「延伸閱讀」：〈一個民國白領的家庭帳本〉。這個帳本是從民國初年的報紙上抄錄下來的，對史料感興趣的朋友讀起來會很有意思。

本書正文是明體字，「延伸閱讀」全是宋體字，而且盡量排成單獨一頁，不感興趣的讀者可以直接翻過這些頁面。

如前所說，這本書不是學術著作，因為我不喜歡學術文章（我相信多數讀者也不喜歡），同樣一件事，如果用人話就能講清楚，幹嘛非要用學術語言呢？

學術語言給人的感覺是嚴謹，但不表示所表達的內容真的嚴謹；這本書從頭到尾都是淺顯的大白話，但不表示書裡的敘述和結論不嚴謹。我可以毫不臉紅地對任何一位朋友說：這是一部嚴謹的書，誇張的比方或許有，沒有根據的論述一句也沒有。

除此之外，這還是一本新鮮的書，一種不算僵化的歷史敘述。僵化的歷史敘述只關心政治，只關心戰役，只關心生產力發展和生產力的進一步發展，一點也不關心人們吃什麼、喝什麼、住哪裡，但我始終認為，這些才是真正的歷史。

這本書致力於挖掘真正的歷史，例如民國初年也有合租，也有屋奴，也有購屋糾紛，也有開發黑幕，也有徵地和強拆，也有釘子戶。這邊升斗小民被驚人房價放逐到連兩、三坪的亭子間都住不起，那邊政府要員正忙著在天津租界、漢口租界、上海租界置產，甚至在美國和日本置產，他們坐擁豪宅，狡兔三窟。這些壯觀景象曾經讓我驚詫莫名，不知道是時光在倒流，還是歷史在輪迴。

挖掘的過程中，我真真切切看到了四〇年代後廣州地價飆升，看到了九江租界收復後天津房市崩盤，看到了上海西客站低價徵地時滬西農民臥軌，看到了南京中山路暴力拆遷後安徽難民示威，看到了魯迅、茅盾、丁玲、冰心為租一間適合的房子而四處奔走。我和這些已經逝去的生命親切交談，體驗到了他們的大愁苦和小憂傷，我試圖從中悟出點什麼，並希望能和您一起分享我的體驗和感悟。

相信我們的分享會很有趣，最好也很有益。

第一章

民國房地產戰爭

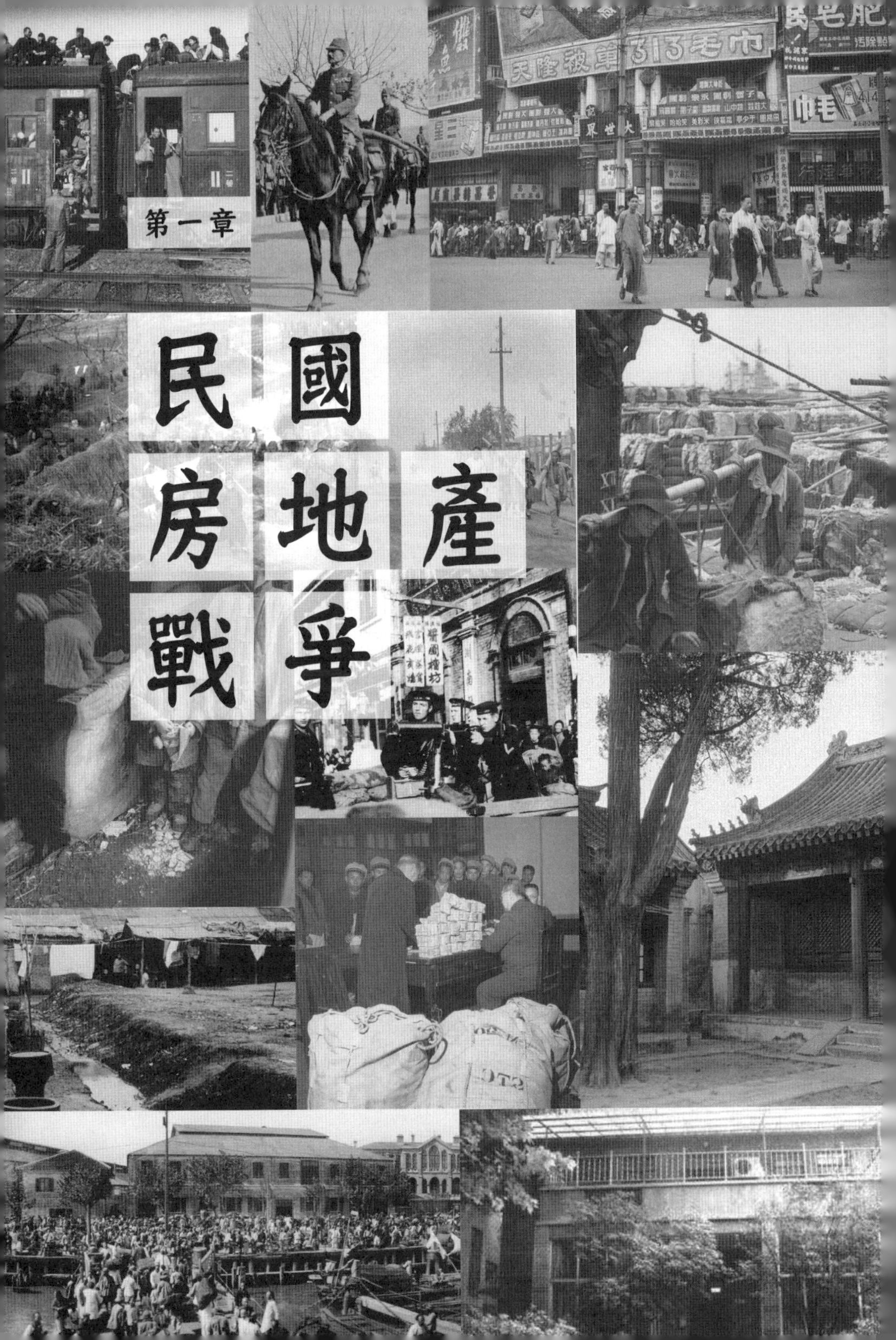

引言：蚊子叮咬抓癢器

從前有個叫魯布・戈德堡（Rube Goldberg）的美國人，他喜歡各種稀奇古怪的發明，其中一個發明叫做「蚊子叮咬抓癢器」。該發明是這樣的：用酒精燈加熱一個塞緊木塞的瓶子，使瓶子裡的氣壓上升。當氣壓達到一定程度時，瓶塞就會砰一聲射出來，打到啤酒杯上並打翻酒杯。啤酒杯裡的啤酒流出來，滴滴答答流到窗臺上。窗臺上有一隻三天沒有餵水的小鳥，渴得厲害，見到啤酒，趕緊喝，結果就喝醉了，站不穩，從窗臺上掉下來，掉到彈簧板上。彈簧板把小鳥彈到空中。空中有個平臺，平臺上有隻蟲子，小鳥趕緊去啄，啄到嘴裡才知道，那不是蟲子，而是火炮的引線。但是為時已晚，火炮已經點燃了，轟地炸響，驚醒了一隻狗。狗一躍而起，掉進一口鐵鍋。鐵鍋搖晃不已，戈德堡趕緊跑過去，讓上下晃動的鍋柄在他背上撓幾下。

這個發明沒什麼實用價值，純粹為了好玩。它之所以好玩，主要是因為發明者異想天開，設計了一個根本沒必要那麼複雜的連鎖反應系統，而且這個系統裡全是看上去和目標（抓癢）完全無關的環節。換句話說，整個系統運作起來之前，你根本預料不到這些環節會產生什麼結果，因為誰也想不到，加熱瓶子是為了抓癢，讓小鳥喝醉是為了抓癢，嚇醒一隻狗是為了抓癢。

我們所謂的「現實生活」中，絕大多數人都很「現實」，大夥為了生活疲於奔命，忙得撒泡尿都要看錶，腦子裡充滿了各種算計，沒有剩餘空間儲存「無聊」的幽默感，所以我們當中少有戈德堡那樣的「發明家」，少有蚊子叮咬抓癢器那樣複雜且不可預測的「無用」發明。這些，大家應該都贊同吧？

可是只要留心就會發現，在這個非常「現實」的人類社會裡，類似蚊子叮咬抓癢器這樣的有趣系統並不少見，或者更確切地說，我們整個人類社會就是一個大型的、複雜的、無法預測的、有無限多個連鎖反應的蚊子叮咬抓癢器。

請容我舉個例子。

一六六二年，康熙即位，葡萄牙公主凱薩琳（Catherine of Braganza）嫁給英王查理二世（Charles II）。凱薩琳把喝茶的風俗帶到了英國，使英國上流社會開始流行喝茶的風氣。愛面子的英國紳士很快便學會一個規矩：誰沒在客人到訪時泡一杯綠茶，誰就不配做一個上等人。可是，那時候的英國不產茶，茶葉得從中國進口，中國則處於滿清政府的控制之下。滿清政府正和割據臺灣的大明政權打仗，為了斷絕臺灣方面的物資供應，滿清政府實施嚴厲的「遷界」和「禁海」政策，臨海五十里以內的居民全部內遷，房屋搗毀，船隻燒掉，「片板不許下海」[1]。這樣一來，延續並繁榮了千年以上的中國海外貿易為之斷絕，茶葉只能偷偷摸摸走私到歐洲去，風險極大，成本極高，抵達英國後的售價更是貴得驚人。英國上流社會雖然刮起了喝茶風，卻很少有人買得起茶葉。既買不起，又要充場面，只能買別人喝剩留下的茶葉渣。茶渣泡不出茶色，那就從銅器上刮鏽，把那種俗稱「銅綠」的有色化合物摻到茶湯裡頭，冒充上等綠茶[2]。但是銅綠有毒，於是，喝下假冒偽劣茶葉的英國紳士開始鬧肚子。

上面這段歷史就是一個蚊子叮咬抓癢器。正因為凱薩琳嫁去了英國，英國貴族才學會喝茶（在此之前英國人把茶水當成藥劑來飲用）。正因為康熙延續了清初的禁海政策，那些愛面子的紳士才買不起茶葉。凱薩琳想不到自己的習慣會影響到那麼多人，康熙也絕對想不到自己的政策會讓萬里之遙的異國紳士鬧肚子。這個系統不是他們設計的，那些連鎖反應不是他們策劃的，但是人與人之間的關係和相互影響天生如此，他們沒有設計，系統自然生成；他們沒有策劃，反應自然發生。這個奇妙的過程是如此不可預測，豈止每個當事人不清楚，就連始作俑者如康熙和凱薩琳也糊里糊塗，就像喝醉了的小鳥想不到會嚇到一條狗，又像跳進鍋裡的狗想不到自己的舉動其實是在幫人抓癢一樣。

嚴格來說，康熙和凱薩琳並不是整個系統的始作俑者，這個系統之所以能夠順利運作，背後的驅動力歸根究柢是一場戰爭。如果滿清政權和臺灣軍隊不打仗，就不會有海禁；沒有海禁，茶葉就不會漲價；茶葉不漲價，英國人就不會鬧肚子。

戰爭是一款威力強大的驅動系統，其影響之深遠，好比蚊子叮咬抓癢器中那尊被小鳥啄響的火炮，炮聲轟然炸響後，笨狗騰空而起，或者跳進鍋裡、或者跳到別的地方去，究竟往哪個地方跳，小鳥無法預料，發明者無法控制，連狗自己都不知道。在這個系統裡，戰火一起，茶價高漲，紳士們喝假冒的偽茶喝到中毒；在另一個系統裡，戰火一起，茶價沒漲，房價狂漲，年輕的白領階級因為買不起房子，急得要跳樓。

您不信，且聽我從天地會說起。

從天地會說起

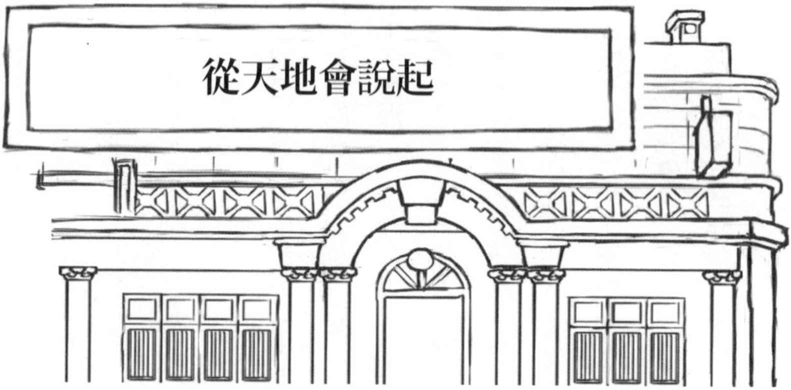

金庸的武俠小說裡有個天地會，總舵主叫陳近南，麾下幫眾十幾萬人，勢力遍布大江南北，藏龍臥虎，高手如雲，殺官劫獄，反清復明，做下了轟轟烈烈的大事業。歷史上確實有個天地會，但陳近南只是這個幫會的遙遠傳說，而且他還是個和尚（不是武俠小說裡那個英俊瀟灑的中年書生）[3]。金庸說陳近南原來的名字叫陳永華，陳永華是有的，他是鄭成功的手下，以文治見長，不會武功，更沒有創辦過天地會[4]。

從清政府公布的奏章和邸報來看，天地會成立於乾隆年間（金庸小說裡的天地會在康熙年間就已經非常活躍），先是在廣東和福建一帶活動，後來轉戰臺灣，在臺灣發動抗清起義，「所過之處香案疊疊」——天地會「順天大盟主」林爽文的告示，受到了臺灣人民的大力支持。臺灣人拿起鐮刀加入天地會，占領城市，驅趕貪官，剪掉髮辮，改換服式，臺灣一時變色，大半個島嶼納入天地會控制之下。為撲滅這場起義，乾隆動用了廣東、廣西、福建、貴州、浙江、湖南、四川七個省的軍隊，消耗的軍費占了全年財政收入三分之一。

這場起義失敗之後不到五年，臺灣的南路和北路又先後爆發了兩次起義，都由天地會發起。嘉慶七年，廣東惠州天地會首領蔡步雲起義。嘉慶十一年，廣東潮州天地會首領張四田起義。嘉慶後期，從天地會衍生出來的「平頭會」和「紅花會」（也就是金庸《書劍恩仇錄》和《飛狐外傳》裡反覆提到的大幫會），分別在廣東、福建、新疆、湖北從事抗清活動。此時天地會的勢力已經發展到了東南亞，蘇門答臘島上的部分華僑也是天地會會員。直到辛亥革命前夕，革命黨人陶成章創建「龍華會」，其組織形式還是模仿天地會的架構。大名鼎鼎的「鑑湖女俠」秋瑾同樣屬於天地會——她加入的「三合會」，正是天地會在晚清時期的化名。

追本溯源，民國初年上海的青幫，現在香港的「新義安」，都和歷史上的天地會有著千絲萬縷的關連，都是天地會的變種或者衍生品。只是時代變了，宗旨也變了，這些幫會不再提「反清復明」，也沒有別的政治追求，他們賄賂官員、滲透政府、劃分勢力範圍，要的無非是一個「錢」字，丟了天地會老祖宗的臉。

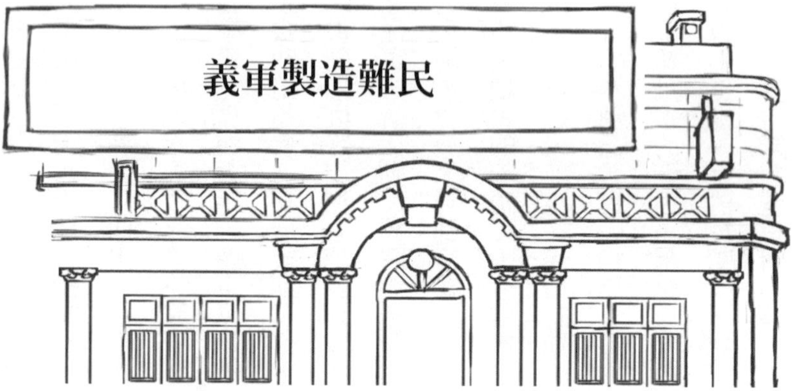

義軍製造難民

當然，也有沒給天地會丟臉的。鴉片戰爭前後，天地會又衍生出另一分支：小刀會。這個幫會在上海很活躍，祕密結黨，謀劃反清。西元一八五三年，小刀會首領劉麗川公然打出「反清復明」旗號，率領幫會成員和附近貧民攻占嘉定縣城，繼而攻占上海縣城，宣告「大明國」成立，劉麗川自封「大明國招討大元帥」。滿清政府調派軍隊圍剿，被劉麗川打了個落花流水。清軍敗退，小刀會又攻占寶山、南滙、川沙、青浦。清軍再次圍剿，雙方在今天的上海市區和近郊區縣打了幾十場硬仗。

不管哪個年代，打仗時吃虧的總是老百姓。西元一八五四年十月七日，後來出任中國海關總稅務司第一把手、把持中國海關近半個世紀的英國人赫德（Robert Hart）從香港坐船前往寧波，途徑上海，登陸住宿。當時上海正處於小刀會控制之下，赫德親眼目睹了戰爭給上海市民帶來的災難：城裡到處是燒毀的民房，路邊還有丟棄的屍體；起義者良莠不齊，一邊和政府軍交戰，一邊肆無忌憚地搶錢、搶女人，「他們急急忙忙把任何拿得到的東西都拿出城去換取食物」[5]。剛才我還誇小刀會沒讓天地會丟臉，寫到這兒又覺得，這個小刀會也不是什麼好玩意兒，至少其中的某些成員不是好玩意兒。

過去有句老話：「小亂居城，大亂居鄉。」意思是小股土匪騷擾地方的時候，最好搬到城裡住，因為城裡有軍隊、有員警，土匪不敢搗蛋；打仗的時候，最好搬到鄉下住，因為城裡有錢人多、漂亮女人多、機關也多，是財富和政權的象徵，是「兵家必爭之地」，鄉村窮得叮噹響，「兵家」們不屑於去爭，住鄉下最多被拉去當壯丁，比城裡安全多了。在和平年月裡，城市優於鄉村，有錢的鄉下人為了換一個相對良好的治安環境，紛紛在城裡買房定居；一旦爆發戰爭，城裡反而不如鄉下安全，城裡人為了保住妻女、錢財和自身小命，不得不往鄉村逃難。像這種反反覆覆如同拉鋸的城鄉之間大遷徙，曾經在古代和近代中國一再上演。

小刀會和清軍打仗，戰火燒到了家門口，上海人自然想往鄉下搬，可是這時候連鄉下也不安全了——太平天國的起義軍，也就是被江南百姓稱為「長毛」的傢伙，正勢如破竹地攻城掠地，一路上殺富戶、燒廟宇、拉壯丁、徵軍糧，在弄清楚他們的進軍路線之前，貿然搬去鄉下等於送死。城裡沒法待，鄉下又不敢去，外有政府軍攻殺，內有小刀會搶劫，上海市民該何去何從？

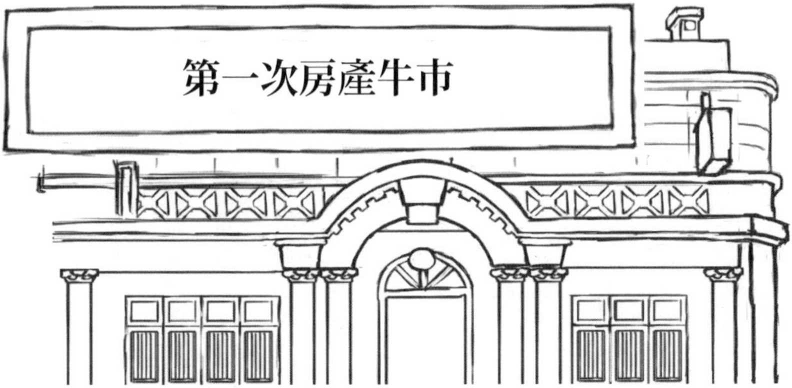

第一次房產牛市

逃命的地方還是有的。自封「大明國招討大元帥」的小刀會首領劉麗川是個「洋務派」，講難聽點叫做「二鬼子」，他早年在新加坡工作過，後來又在英國洋行做買辦，深知中西武力相差甚遠，得罪洋人後患無窮。為了使「大明國」這個新政權獲得洋人的支持，劉麗川攻占上海當天就去了租界，並向各國領事承諾：小刀會只針對清政府，不針對洋人，外面殺聲震天，租界安如泰山，決不讓一兵一卒進租界搗蛋。這個承諾使洋人暫時保持了中立，也讓租界成了戰爭中僅存的和平孤島。哪裡才是上海人逃難的最佳選擇？租界。

按照清政府和英、法、美等國簽訂的條約，華洋應該分居，租界裡只能住外國人，不能住中國人。可是此時戰火燒身，凡和洋人有點關係的中國人都往租界裡逃，和洋人沒有關係的中國人也想方設法買通關係往租界裡鑽，哪還顧得上什麼條約不條約？光是小刀會和政府軍交火的第一天，英租界就湧進了兩萬名中國人，讓小小的租界擁擠不堪。

洋人起初抗議華人破壞「華洋分居」條約，卻很快就發現這些扶老攜幼奔來逃難的華人都攜帶著金銀細軟，腰包裡都有點積蓄（窮人逃不進租界，只能在外面等死）。難民不像蝸牛能夠背著房子走路，這時已入深秋，無法露宿街頭，勢必得向洋房東租屋落腳。房子供不應求，難民不惜千金，一時人如潮湧，房租陡漲，家有大屋的洋人都發了。頭腦精明的洋人趁機搭建簡易小屋，再高價租給華人，從中獲取高額利潤。很快地，在英租界西北部和分隔英法租界的洋涇浜兩岸，一排又一排小木屋拔地而起，妓院、賭館和鴉片館也在附近遍地開花，上海租界迎來了有史以來第一次房產牛市。

也就是說，小刀會燃起了戰火，戰火逼著華人逃進租界，華人為租界的房市帶來了需求，暴漲的需求讓歐美開發商賺到了第一桶金。過去我們說起「發戰爭財」，多是指買賣軍火，現在看來還有另一條發戰爭財的管道，那就是做房產。

戰爭財利潤雖大，卻只能在戰爭時候發，和平一降臨，生意就歇業。小刀會占領上海不到兩年，滿清政府遊說洋人一同「剿匪」，在洋槍洋炮的支持下，清軍打跑了小刀會，「大明國」就此覆滅，上海恢復和平，在租界避難的人們紛紛回返家園，洋涇浜兩岸的小木屋開始空置下來。小刀會起義之前，租界裡有幾家洋行以販賣鴉片為業，如老沙遜，戰爭時期都改行做起房地產，現在和平了，難民走了，房產牛市變成熊市了，洋行又都販賣鴉片去了。

劉麗川致各國領事函

蓋聞一統江山，惟有德者居之。是故三皇五帝之世，虞舜有德，乃佐帝堯；大禹多才，爰輔帝舜。用特函告執事：

本帥統領上邑，非為權勢，實乃奉天承運，頃已嚴飭部下兵丁，不得取民間一物，城廂內外居民，莫不悅服。日前曾與貴國僑商議定，既不接濟本軍，亦不援助胡清。

茲妖頭咸豐所有土地，十喪其九，覆亡之日，為期不遠。而吾太平天王，則已占有金陵城池，連拔清城，勢如破竹，威振四海，近復派遣大軍進逼北京，指日可下。本帥已與太平天王約定，時通音信，蓋本軍與太平軍已屬一體，今日之中華實已與外邦並駕齊驅矣。

本帥進駐上邑之時，曾與各國約定，照常通商，又徇各國領事之請，嚴飭部下兵丁，不得侵擾城北商民，俾資敦睦邦交。惟日前風聞，有吳健彰之洋船一艘，停泊我城北內河，本帥當飭本軍，前往收繳船上槍械彈藥。其時本軍見美國領事正指揮其所屬兵丁，將船上槍械彈藥移置他處。當時本帥以為此事不必計較，此後該吳健彰復回上海，美國領事竟將此等槍械彈藥連同航行圖等移交清軍，又教導彼等設置炮臺等情，聞已製成炮車，以備攻城之用云云。凡此種種，吾軍屢來稟告，本帥未予置信。但二、三日前，有清軍數名入城面告本帥證實其事，始信美國領事此等不法行為。

目前本城防禦鞏固，兵精糧足，一無足懼。縱本城面臨困難，我南京太平天王決不忍坐視不救。本帥與美國公使馬沙利及領事金能亨素稱融洽，而彼等竟暗自作此不法之事，誠屬莫解，本帥決將此事公諸於世矣。

猶憶上月吾軍進駐縣城，兵丁皆欲殺吳健彰，惟本帥念同鄉之情，特令免予誅戮，僅將吳健彰及其家屬拘押。時美領事金能亨請求本帥加意優容，准吳健彰還里，本帥乃令兵丁護送出城，以維本帥與美國之友誼，而吾南京太平天王聞之，對本帥此舉倍加責難。

目下各國既與我通好，何以不助本帥，反而暗助胡滿賊匪？本帥謹掬誠相合：茲者清室覆亡在即，深望各國僑民既不接濟本軍，亦不援助胡滿。目前吳健彰仍將其洋船停泊怡和碼頭對面，本帥亟欲予以驅逐，不許該船混跡外商船舶之中。

專函奉達，順頌時安。

建商是戰爭催出來的

上海租界的房產熊市只持續了幾年。一八六二年，太平天國的軍隊接連三次打到上海，引起居民大恐慌，大夥怕「長毛」砍頭，宛如潮水般逃入租界。這回去租界避難的不光是上海人，還有蘇州人和南京人，粗略統計在十萬人以上。難民去而復來，房市死而復生，曾經空置的小木屋被洋房東用更高的價格出租，賣鴉片的洋行再次做起房地產，租界土地嚴重吃緊，地價、房價連袂飛漲。當時的法國駐上海領事描述了法租界的情形：「法租界長期以來不被注意的地皮突然變得身價百倍，所有出賣的地皮都被爭相購買，……地皮價格抬得很高，最初每畝地賣二百兩已經被認為很貴了，現在即使賣一千二百兩，買主還是爭先恐後。」[6]

在這種大好形勢下，更多洋行投入房地產開

發，租界內建商林立，計有老沙遜、新沙遜、怡和、仁記、兆豐、公平、太平、通和、德和、有恆、泰來、榮康、孟吉禮、永順、長利、元芳、和記、裕盛、隆茂、錦名、字林等。這些建商不再建造小木屋，改蓋兩、三層的小樓，磚木結構，小小天井，門口上方由石材「箍」住，也就是後來聞名於中國近現代建築史的「上海石庫門」。早先建商只租不賣，後來他們既租又賣，有錢的華人可以把一棟甚至多棟樓房一口氣買下來，再分租給沒錢的華人。

在中國，房地產開發這門生意出現得並不晚，拙著《千年房市：古人安心成家方案》開列專章講述過古代中國的建商，其最大特色就是只租不賣，多數為個人式經營，沒有出現類似公司的形式，嚴格意義上講不算是專業建商。在我看來，專業建商是在太平天國起義以後出現的，也就是一八六二年的上海租界，在戰爭的催生之下。

太平天國一亡，上海房市跟著崩盤

專業建商也好，不專業建商也罷，暴利當頭時，任誰都看不清未來的形勢。

事實上，江南富人仍然源源不斷搬進租界的時候，太平天國已經危如累卵，戰爭即將結束的跡象早已顯現，建商們卻認為租界裡的虛假繁榮還會一直持續下去，房價還會繼續上漲，所以開發規模也不斷擴張著。

誰知道，一八六四年，太平天國滅亡了，江南戰事平息，租界裡的難民再次返回家園，新建房屋再次空置，興建中的房屋紛紛停工，許多建商破了產，從事土地投機的中國買辦血本無歸，開始有人跳黃浦江了。

租界裡的銀行、租界外的錢莊，因為在牛市時期把資金投入房市，這時也出現危機，十一家銀行有六家瀕臨關門。緊接著是一八六六年的世

晚清及民初在中國流通的墨西哥鷹洋。

界金融危機，一些資金雄厚、經營多年的大洋行不得不走上倒閉一途。表面上看，成也房產，敗也房產；實質上，成也戰爭，敗也戰爭。

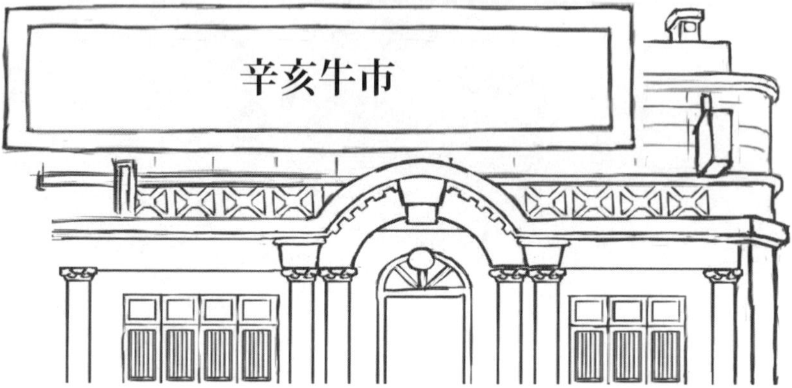

清朝末年，武昌起義，南方諸省紛紛獨立，滿清王朝轟然倒塌。在某些地方，漢人百姓受旗兵和滿人欺負已久，這時趁機報復，衝進「滿城」放火殺人，造成了滿清貴族和普通旗民的莫大恐慌，包括皇族在內的大批滿人惶惶然逃進革命黨人和北洋軍閥不敢冒犯的租界區，像是大連、青島、北京的東交民巷、天津的日租界和英租界，都成了滿人的避難場所。上海開埠較早，租界較大，更是逃難首選，有錢的遺老不僅在此買房定居，還把帶來的錢財存進設於此地的外國銀行，讓上海租界的房地產市場又一次繁榮起來。

民國成立後，無政府狀態結束，滿人與漢民和平共處，大恐慌不再，但是租界裡的移民並沒減少，連末代皇帝溥儀都在天津的英租界買了房

辛亥革命時在漢口守衛租界的德國水兵。

子，後來又在日租界租下一所大宅。上海經濟迅速繁榮，不光租界日新月異，華界也萬象更新，這個城市良好的經濟環境和寬鬆的文化氛圍吸引著全國各地的商人、文化人和失意官僚來此定居，為房地產開發帶來了更大的市場。

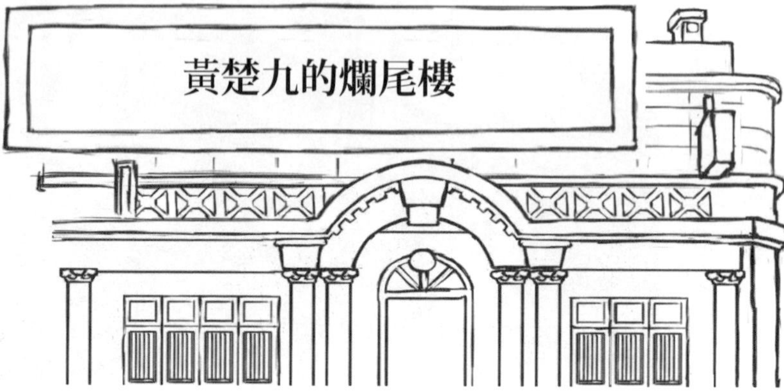

黃楚九的爛尾樓

當時上海最有名的娛樂場所「大世界」的老闆叫黃楚九，見房地產利潤驚人，也做起了建商，在今天上海寧波路一帶租地、蓋公寓，一口氣蓋了二十幢新式樓房，一樓做商鋪、店面，上面當辦公樓。

眾所周知，房地產是最耗錢的生意。黃楚九資金不夠，向銀行借貸，銀行給的錢太少，杯水車薪，他乾脆自辦儲蓄所，二十四小時營業，高息吸儲。這手法今天看來毫不稀奇，現在中國大陸的二、三線城市有很多小規模的建商，沒資格從銀行貸款，或者貸到的錢不夠用，往往自辦「投資擔保公司」，用高出銀行同期存款利息幾倍乃至幾十倍的利率吸引民間資金，賺了錢就付息，賠了本就跑路，這類建商俯拾皆是。可是在民國初年，黃楚九此舉絕對算得上極具開創性。

上海「大世界」娛樂中心，Jack Birns 攝於一九四八年。

開創必有風險，房子賣得順利還行，萬一砸在手裡，成千上萬個小債主絕對夠他吃不完、兜著走。不幸的是，那二十幢公寓還真的砸在黃楚九手裡了，罪魁禍首？還是戰爭。

黃楚九在寧波路大規模開發公寓始於一九二五年，當時上海房市正火熱，投機情況嚴重，但等他的房子蓋好已經是一九二七年，剛好趕上了國民革命軍北伐。革命軍和駐守上海的北洋軍展開激戰，硝煙四起，同時共產黨又鼓動工人罷工，上海市面立馬蕭條下來。市民出逃，外地來的工人紛紛返鄉，黃楚九新蓋的公寓無人問津，經過再三努力也只租出去兩間，一間租給了電力公司，另一間租給了一家鞋店，剩下那些嶄新的房子全都空著。在黃楚九開辦的儲蓄所裡存錢的投資者們在資金到期之後去提錢，黃楚九當然無錢可付。在上海經營多年的他，捨不得跑路，只能變賣家產還債。上海另一位大亨黃金榮趁火打劫，低價盤走了「大世界」，氣得黃楚九撒手歸西。老黃出殯那天，有弔祭者送來一副輓聯：「楚楚大志，十年雄心爭天下；九九歸原，一雙空手赴黃泉。」相當寫實。

西南聯大和昆明房市

行文至此，可以總結出一個規律了：戰火延燒之地，房市一般低迷，但有限的幾個和平孤島卻會出現供不應求、房價飛漲的現象。

所謂和平孤島，指的是可供戰區人民逃難的地方，小刀會造反時的上海租界就是一例，抗戰前期的雲南昆明也是一例。

抗戰前期，昆明做為大後方（後來也成了戰區），遷入的機關單位比較多（最著名的就是在中國教育史和文化史上赫赫有名的西南聯大），來這裡工作和生活的人也特別多，包括一些文化名人，像是歷史學家陳寅恪、社會學家費孝通、建築學家梁思成、哲學家馮友蘭、民主戰士聞一多、散文家朱自清、兒童文學家冰心、著名作家兼文物學者沈從文、著名作家巴金，以及當時還沒和巴金結婚的蕭珊……總之能列出很長的名

抗戰後從外省遷入昆明的機關單位一覽表[7]

機構名稱	搬遷後地址
國立西南聯合大學（簡稱西南聯大）	大西門外
國立同濟大學	武城路
衛生署中央防疫處	金碧公園
軍政部軍用光學器材製造廠	西獄廟
航空委員會特種電臺	吳井橋
航空委員會第十一器材庫	吳井橋
中央空軍軍官學校	巫家壩
杭州飛機製造廠	北門街
資源委員會機器製造廠	萬鍾街
潼關黃河橋工程處	五福巷
中國航空公司	寶善街
歐亞航空公司	尚文街
中央研究院總辦事處	黃公東街
中央研究院歷史語言研究所	靛花巷
北平研究院地質研究所	王龍堆
北平靜生生物調查所	文廟橫街

單，可說是群賢畢至、少長咸集。

這些名人到了昆明，有的住單位裡，例如陳寅恪，住在當時中央研究院歷史語言研究所的辦公室，時稱「靛花巷三號院」，位置大約在翠湖邊丁字坡的下首南側。有的自己蓋房子，比如梁思成、林徽因夫婦，在昆明東北郊的龍頭鎮租借了一塊約二十四坪的地基，蓋了改良型的「一顆印」（雲南常見民居，格局方正如印章）。有的租房，像聞一多和朱自清兩家人曾經在昆明北郊龍泉鎮司家營合租同一間民宅；冰心隨其夫婿吳文藻初到昆明時，一家人租了市中心螺峰街的幾間房子，後來又去呈貢租屋；沈從文和夫人張兆和以及兩個小兒子則長期在滇越鐵路桃源車站附近一個叫「桃源新村」的地方租屋，前後總共做了七年房客；巴金和蕭珊則在叫做「先生坡」的地方租住，和他們一同合租的還有蕭珊的幾個同學——當時蕭珊還沒畢業，還是西南聯大的學生。

有沒有人在昆明買房子呢？也許有，但是買家多為從江浙一帶趕來避難的富商大賈。由於戰爭時期通貨膨脹，工資上漲的速度遠遠滯後於物價上漲的速度，聞一多、沈從文等知識分子的收入只能維持家人的基本生活，面對抗戰時期昆明城內價格暴漲的房地產，他們是無力購買的。再說他們來昆明只是為了在戰時可以繼續進行教育事業和研究工作，並沒有永遠定居的打算，更沒有購置房產以圖升值的計畫。

一九三七年全面抗戰打響之前，昆明的外來人口不多，房租並不算高。據當時昆明市財政局調查，全市房租最貴的地段是現在的人民中路一帶，如馬市口、文廟、象眼街等地，一間面積約四坪半的普通住宅，每月租金折成法幣才十元左右；其次是光華街、威遠街、東門正街、土主廟街、西華街、順城街、珠市街、東寺街等地段，一間房月租平均在七元上下；再其次是長耳街、福德街、靈官寺街以及現在雲南大學附近的文林街，每間月租還不到七元；大觀樓、東寺塔、付

抗戰第一年從外省遷入昆明的人口簡表
（不包含軍隊、公務員和西南聯大師生）[8]

統計區域	遷入男性	遷入女性	總計
第一區	135人	306人	441人
第二區	322人	382人	704人
第三區	872人	753人	1,625人
第四區	60人	34人	94人
第五區	398人	368人	766人
第六區	485人	12人	497人
全市總計	2,272人	1,855人	4,127人

潤橋、尚義街、潘家灣等地房租更便宜，每間月租五到六元而已[9]。

當時法幣在昆明還不是主要的流通貨幣，不過可以兌換成常用的貨幣「滇票」使用，一個人拿出法幣六元，就可以在昆明市場上買到一石米（重八十公斤[10]）。也就是說，當時一元法幣的購買力相當於五百元新臺幣還要多一些。即便如此，抗戰前的昆明房租還是顯得相當便宜，一間房子每月租金不過三、四千元新臺幣，租客們出到萬元以上，就能在城區租到一間不錯的小院落。

一九三八年前後，在日本轟炸機的威脅之下，沿海省分的大批難民不斷湧進昆明，用時人的話說：「戰區日漸擴大，難民遷居者甚眾，向為人漠視之邊省，突然繁榮。」[11]南遷中的清華大學、北京大學和南開大學也從長沙西遷於此，組成西南聯合大學，大批學生、教師和教師眷屬散居在學校內外，造成昆明市租屋市場的空前壓力。人多房少，供需失衡，房租迅速上漲。

一九四一年，西南聯大的教師在校外租房，每人平均需要半平方公丈，折合為五平方公尺（約一・五坪），而每平方公尺月租是法幣四・六七元。一間普通民宅的建築面積約十五平方公尺（四・五坪），那麼一間房月租也就是法幣七十元，和抗戰前每間月租只需五元到十元相比，昆明房租上漲了十倍左右。

一九四二年，西南聯大教師宿舍被炸，學校請大家暫時出去租房，每人每月發給租屋補貼一百元。這筆費用是向當局申請的，當局按一九四一年的房租水準給予補貼，以為每人每月一百元肯定夠教師們租屋，豈知這時候昆明房租一年數漲，一百元在昆明城區連最便宜的房子都租不到。沈從文寫給三弟沈荃的信中說：「學校每人貼房租一百元，事實上每人二百元亦辦不妥。」[12]他說的是實情。

到了一九四三年一月，沈從文繼續給三弟寫信談昆明房租：「城中住處不易得到，一般租房子必三百元一間，三間房子即近千元矣。」[13]可見房租一直在漲。

房租上漲，房價和地價自然也在上漲。抗戰前，昆明市核心區商業用地每平方公丈（約等於十一平方公尺，即三．三坪）售價折合法幣八十元，一九三八年漲到三百五十元，一九三九年漲到五百元。住宅用地在一九三七年每平方公丈售價折合法幣五十元，一九三八年漲到一百元，一九三九年漲到二百一十元[14]。

由於市區房租太高，居之不易，再加上敵機常來轟炸，市區反不如郊區安全，所以雲南大學和西南聯大的教授們大多選擇在郊區租房。例如冰心一家，在螺峰街住沒多久就搬到了呈貢縣城的文廟，後來又遷居呈貢斗南村，租住一個華姓人家的房子。斗南村離昆明市區有幾十里，冰心的丈夫吳文藻在雲南大學教書，來回交通不便，每周課程結束之後，都要先坐一段小火車，從市區趕到呈貢洛羊火車站，然後再騎一段馬才能回到家裡。費孝通最初也在市區文化巷居住，一九四〇年日本飛機頻繁轟炸昆明，為安全起見，一家人搬到呈貢古城村租房，此後每次去雲南大學上課，費先生都要乘坐小馬車兩個多小時，或者步行四、五個小時。

抗戰時的昆明房客[15]

冰心〈我的鄰居〉

抗戰後一年，我到了昆明。朋友們替我找房子，說是有一位M教授的樓上，有一間房子可以分租，地點也好，離學校很近。說定了以後，我拿了簡單的行李，一小箱書，便住到M家的樓上。

……忽然一聲悠長的汽笛，慘厲地叫了起來，接著四方八面似乎都有汽笛在叫，門外便聽見人跑。M太太倏地站了起來，顫聲說：「這是警報！孩子們不知都在哪裡？」我也連忙站起來，說：「你不要怕，他們一定就在附近，等我去找。」

我幫著M太太把小的兩個抱起，M太太看著我，驚慌地說：「X先生，我們要躲一躲吧？」我說：「也好，省得小孩子們害怕。」我們胡亂收拾點東西，拉起孩子，向外就走。忽然老太太從屋裡抱著一個大藍布包袱，氣急敗壞的一步一跌地出來，嘴裡說：「別走，等等我！」這時頭上已來了一陣極沉重的隆隆飛機聲音。我抬頭一看，蔚藍的天空裡，白光閃爍，九架銀灰色的飛機，排列著極整齊的隊伍，穩穩地飛過。一陣機關槍響之後，緊接著就是天塌地陷似的幾陣大聲，門窗震動。小孩子哇的一聲，哭了起來，老太太已癱倒在門邊。

這時我們都擠在門洞裡，M太太面色慘白，緊緊地抱著幾個孩子，低聲說：「莫怕莫怕。X先生在這裡！」我一面扶起老太太，說：「不要緊了，飛機已經過去了。」正說著街上已有了人聲，家家門口有人湧了出來，紛紛驚惶地說話。M太太站起拍拍衣服，拉著孩子也出到門口。

我們站著聽了一會，天上已經沒有一點聲息。我說：「我們進去歇歇吧，敵機已經去了。」M太太點了點頭，我又幫她把孩子抱回屋去，自己上得樓來；剛剛坐定，便聽見M先生回來；他一進門就大聲嚷著：「好，沒有一片乾淨土了，還會追到昆明來！我剛抱出書包來，那邊就炸了，這班鬼東西！」

我同M太太就帶著孩子跑到城外去。我們選定了一片大樹下，壕溝式的一塊地方，三面還有破土牆擋著。孩子們逃警報也逃慣了，他們就在那壕溝裡蓋起小泥瓦房子，插起樹枝，天天繼續著工作。最小的一個，往往就睡在母親的手臂上，我有時也帶著書去看。午時警報若未解除，我們就在野地裡吃些乾點充饑。

……我真不想再住下去了，那時學校裡已放了暑假。城牆邊的防空洞曾震塌了一次，壓傷了許多人，M老太太幸而無恙。我便攛掇他們疏散到鄉下去，我自己也遠遠地搬到另一鄉村裡的祠堂裡住下。

但是，就算是租住這樣偏僻的遠郊農家，也要花費不菲的房租。一九四〇年沈從文致信給妻妹張允和，說自己住學校宿舍，家人在郊區租房三間，「月付房東老娘子十五元」，說明剛開始郊區房租還很低。但到一九四二年沈從文再給大哥沈雲麓寫信時，還是租住同樣的房子，「房東老娘子」已經把租金上調到每月三百元了。才兩年時間，房租上漲了二十倍。

那時候，昆明最受人羨慕的職業不是官員，而是房東。沈從文寫過一篇文章，說他在昆明教書時，有個鄰居給兒子制定的成長計畫是：「長大了應當作設治局長，督辦。照本地規矩，當這些差事很容易發財。發了財，買下對門某家那棟房子。上海人愈來愈多，租房子肯出大價錢，押租又多。放三分利，利上加利，三年一個轉。」[16]古人常說「學而優則仕」，在抗戰時期的昆明是「官而優則房東」。古人又常說「時勢造英雄」，抗戰時則是「時勢造房東」。這個時勢，指的當然是戰爭。

陪都時代的重慶地價

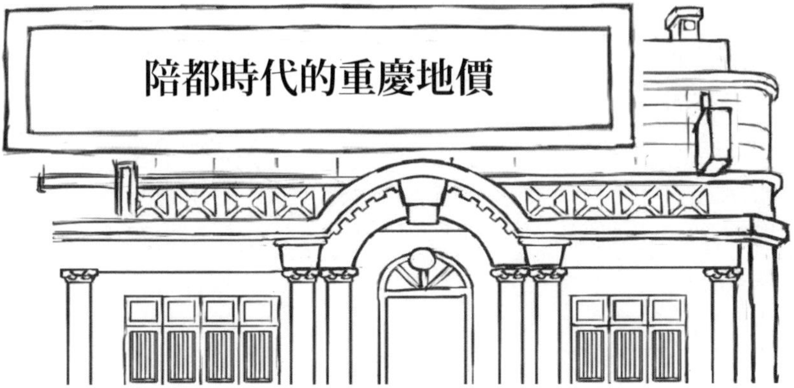

抗戰時期，北京淪陷，南京淪陷，武漢淪陷，重慶偏安一隅，國民政府和中央各機關為躲避日軍主力，一度遷入重慶，這個本來並不太起眼的城市搖身一變，成了「陪都」。陪都時代的重慶，人口暴增，經濟繁榮，居住成本也跟著上漲。

當時重慶最著名的商業街叫「都郵街」，也就是現在的解放碑步行街一帶。一九二六年，這兒的土地每平方公丈平均出讓價格是三十二塊大洋[17]。六十平方公丈為一畝，所以一畝售價一千九百二十塊大洋。據《新蜀報》對市民收入的統計資料，中下級公務員月薪十五塊到一百塊大洋，中小學教師月薪二十塊到六十塊大洋，紡織廠工人月薪十二塊大洋上下。也就是說，一個有固定工作和固定收入的普通市民多則攢上十幾年

抗戰時遷入重慶的中央機關一覽表（不完全統計）

機關名稱	遷入地點
中央黨部	上清寺
行政院	上清華園
考試院	新市中四路
監察院	新市中四路
最高法院	觀音岩
立法院	觀音岩
司法院	觀音岩
司法行政部	曹家庵
蒙藏委員會	孤兒院
教育部	川東師範
外交部	中央公園
交通部	川鹽大廈
內政部	觀音岩
財政部	羅家灣
組織部	回水溝
經濟部	川鹽大廈
國民大會代表選舉總事務所	江北公園
中央工業實驗所	上陝西街
中央電影攝影處	黃家巷
導淮委員會	陝西街
中央研究院總辦事處	曾家岩
全國經濟委員會	新街口

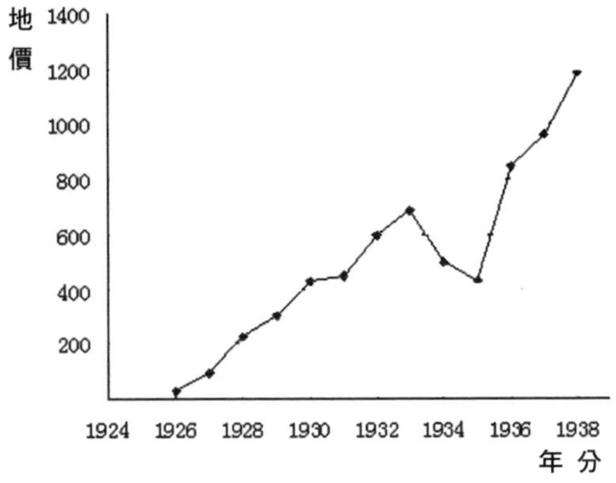

重慶市都郵街歷年地價變動趨勢圖

工資，少則攢上幾年工資，就能在最繁華的商業區買上一畝地。

到了一九三六年，隨著抗戰前線難民和部分機關單位的遷入，都郵街的土地每平方公丈平均出讓價格已經飆升到八百四十八塊大洋，折合每畝五萬多塊，比一九二六年漲了將近三十倍。一九三七年，都郵街土地每平方公丈平均售價九百六十一塊大洋。一九三八年，這個價位已經漲到了一千一百八十七塊大洋[18]。

從一九二六年到一九三六年這十年當中，重慶經濟在發展，人口增多，地價上漲，卻遠遠趕不上抗戰以後，尤其是全面抗戰以後的上漲速度。我為都郵街的地價變動情形繪製了上面這張趨勢圖，從中可以明顯看出該區地價在抗戰後加快上漲的情形。

南京國民政府一九三五年發行的法幣。

研究抗戰時期社會經濟的專家給了一個合理解釋：「造成此種土地增價之原因，不能不歸功抗戰之所賜，蓋自抗戰以後，重慶地位忽然增高，政治、文化、經濟有空前轉變，其影響於地價之上漲，實有力焉。」[19]

戰爭抬高房價是歷史規律

若我們跳出民國初年，把目光投射到兩宋之交：北宋剛剛滅亡的時候，女真人的軍隊在中原地區殺人放火、無惡不作，逼著北方人往南逃難，一批批皇親國戚、文武百官、富商大賈、市井小販、儒生秀才、青樓女伎……成群結隊湧向江南。

剛開始，宋高宗駐蹕南京，逃難者也跟著到南京去，一時間南京房租大漲；結果金兵進逼石頭城，南宋小朝廷趕緊遷都杭州，於是大夥也紛紛往杭州紮堆兒。當時所有人的心思都一樣——皇帝待的地方肯定是最安全的，跟著他走準沒錯。那麼多逃難者，再加上拱衛皇室的駐軍，粗略估計不下一百萬人，加上杭州原有的居民，人口總數大約是一百五十萬。然而，杭州城區加上近郊也只有五十平方公里，導致人口密度高達每平方公里三萬人[20]，遠遠超過了今天的紐約、倫敦、巴黎、東京和上海中心城區的平均密度。當時樓房不多，沒有什麼高樓，人口之擁擠，房屋之緊缺，可以想像。人多房少，供需失衡，房價自然上漲，再加上軍費緊張，財政赤字，朝廷濫發紙幣，致使通貨膨脹，會子貶值，原先一百貫或八十貫就能買下的院落，後來花幾十萬貫還買不到，有空屋出售的原杭州居民統統發了橫財，廣大的北方低收入難民只能露宿街頭，望房興歎[21]。

可以這樣說，南宋初年的杭州城是典型的和平孤島，當時杭州的房地產市場可謂戰爭抬高房價此一歷史規律的經典範例，它和後來小刀會起義、太平天國起義和武昌起義時的上海租界相似，也和美伊戰爭時期的約旦和敘利亞相似。記得十幾年前美軍攻占伊拉克，大批伊拉克人逃到鄰國約旦的首都安曼和敘利亞的首都大馬士革，他們對房屋的大量需求讓這兩個地方的房價暴漲了一倍還不止。

抗戰時難民如何湧進租界[22]

八月十一日，正在風聲鶴唳的緊張情況之中，我一清早就趕到閘北，忽然看見無數軍服輝煌的國軍威風凜凜地在閘北布防。本來一二八之後的條約規定上海不得駐紮軍隊，此時竟然有國軍開到，這等於說明國民政府已象徵著決心抗戰的布置。閘北老百姓見到這種情況，一則以喜，一則以懼，喜的是國軍準備開戰，懼的是禍及己身。數十萬老百姓扶老攜幼地由閘北逃入租界，我坐著汽車想開進去，可是人潮正在湧出來，車輛簡直無路可走。

難民不斷地經過外白渡橋南來，一輛一輛的卡車載著，卻多半是步行，年輕的扶著年老的，男的扶著女的，攙著小孩子，他們歇息在外灘馬路的兩旁，用期望的眼色看著天。

四川路往南到四馬路轉東，難民不斷地從河南路來，從石路來，從外灘來，肩著箱子，拿著藤包，挾著包袱。從事救濟工作的人拿著小旗，寫著某某同鄉會在什麼地方，某某救濟所在什麼地方，沿路走來走去。

上海南市、閘北以往曾經有過幾次戰爭，如小刀會、泥城之戰、齊魯戰爭以及北伐軍開到上海和奉軍交戰，每次戰爭，市民都逃入租界。租界上的人口，每經一次戰爭，就增加許多，一二八（事變）十九路軍抗戰一役，人口已增加到三百萬。

大部分的人根據上海歷次受到戰爭的經驗，認為租界總是安樂土，一動不如一靜，靜觀其變，可能京滬線的戰爭會像一二八時期，隨時可以停下來，或者作一場有條件的講和。小部分的人認為會長期抵抗地打下去，租界雖然能相安一時，一旦日軍不顧一切地闖進租界來胡作非為，也是防不勝防的，所以無數與黨、政、軍有關的人，都不聲不響地溜走了。從租界到國軍的後方，最大的一條通道就是由上海到杭州，凡是沒有錢而又怕戰禍波及已身的，都向浙江方面出逃，逃出去的人數前前後後也有二、三十萬人。那時節租界黃浦江中還有幾艘英商的太古、怡和輪船，定期來往，有錢而有辦法的人，都搭乘這批船逃到香港，但是人數不很多，其中最著名的人物就是杜月笙領導的許多上海工商界人士。

一般與黨、政、軍無關的市民，極大多數還是留在上海，這許多人認為租界防範還是可靠，而且既與黨、政、軍無關，更沒有逃難的必要。何況久居上海的人有一種心理：出門一里，不如家裡。就是在這種心理之下，上海租界上還是有著四百萬的人口。在這時還有那麼多的人口，不但房屋奇缺，房租飛漲，而且一切食用雜品來源少而用量大，各行業的生意在奇貨可居的情況之下，比平時更容易賺錢。

戰事逐漸擴大，住在戰區的老百姓紛紛向租界上逃來，不僅是上海四郊的人，連蘇州、無錫、鎮江、南京的人也都避難到上海，於是上海租界的人口突然間直線直升。上海的有錢人因為戰爭爆發，地價飛升，房租高漲，他們便愈來愈有錢。

從前富有的人從事於置業，新屋造成之後，租得出與租不出是一個大問題，選擇租客又是一個大問題。我清清楚楚地記得，在戰前空屋之多不可勝數。八一三戰事一起，不過三天時間，整條慈安里住到滿坑滿谷。

永利坊還有空屋二百多間，因為房租太貴，空置已達二年，一般居民都裹足不前，而外來的逃難客也對之不敢問津，誰知道戰事一緊張之後，不過二十天的時間，全部租了出去。老牌電影皇后蝴蝶，由虹口北四川路余慶里，逃入租界，就住在我的貼鄰，可見得那時房屋的緊張程度已達巔峰。後來人口愈來愈多，凡是有餘屋可租的，都租了出去，包租的人大發其財。

戰爭之所以能夠抬高某些地區的居住成本，也不完全是因為難民的湧入，房屋因戰爭而減少，導致戰後供需緊繃，也是一項重要原因。金兵侵宋以後大約八百年，日本人侵犯中國，上有敵機轟炸，下有漢奸縱火，一間間民房灰飛煙滅。光復以後，返回家園的人們無房可住，需要重新租用或是購買，房價和房租自然上漲，這種情形在上海、南京、杭州、寧波、武漢等城市都出現過。以武漢為例，抗戰前全城共有房屋十一萬二千一百七十八所，光復後普查只剩七萬一千六百二十五所，短短幾年，武漢的房子毀壞了將近四成[23]。人多房少，房價焉能不漲。

老話說「大兵過後，必有荒年」，指的是戰爭導致饑荒。事實上，戰爭還會導致房荒，日軍侵華造成了中國房荒，第二次世界大戰使整個西方世界都出現了房荒（除了美國）。因為長期遭受空襲，幾乎所有參戰國的主要城市均遭受嚴重破壞，戰後經濟恢復，難民返家，農民和復員軍人也湧入城市，房屋重建的速度趕不上人口增加的速度，住房自然就成了大問題。

站在西方人的角度看歷史，目前人類總共經歷過三次大規模的房荒，第一次房荒發生於十九世紀中期，原因是工業化大生產導致人口朝城市快速集中，英、法、德、美等國普遍面臨城市住房短缺和居住環境惡化的問題。在缺乏監管的情況下，城市地主密集開發極其簡陋的住宅，仍然供不應求，截至一九一四年為止，英國城市中的租房者竟然占了全城居民的九〇％。

第二次房荒發生在二次世界大戰以後，根本原因就是剛才說的戰爭。一九五八年三月，女作家冰心訪問歐洲，「在英國倫敦的東部，可以看到頹廢荒涼的街道、倒塌嚴閉的民居，和蕭條冷落的商店。」街頭雖然也有新蓋好的住宅大樓，但「那都是吃瓦片的資本家所興建的，房租很貴，一般勞動人民住不起」，政府興建的平價住宅數量極少，「非有內線，難以遷入」，「和人民的要求相差太遠」。當時距二戰結束已經十多年，可是「第二次世界大戰的傷痕宛然尚存」，戰爭破壞之大，損毀房屋之多，從冰心筆下可以想見。

冰心認為，歐洲城市的住房問題給了她「極深刻的啟發和教育」，讓她覺得「資本主義制度一天天在衰落腐爛」，更引起她「對帝國主義者和資本家的憎恨，和對那些國家裡痛苦的人民的同情」[24]。我覺得，冰心看到的現象是真實的，也是嚴峻的，但得出的結論未必可靠。如前所述，住房短缺是戰後的普遍現象，資本主義國家出現的房荒，社會主義國家同樣未能倖免，冰心的板子其實應該打到戰爭的屁股上才對。

第三次房荒則發生在二十世紀七〇年代以後，以發展中國家為主，原因是人口過快增長和城市化進程加快——印度和中國是其中典型。對中國社會有了解的朋友應該有印象，就在不遠的三十年前，中國除了極少數特權家庭，廣大城市居民還擠在職員宿舍、住筒子樓[25]，為了分一間小公寓，跟在官員屁股後面磕頭作揖磨上很多年。

戰時的婚房需求

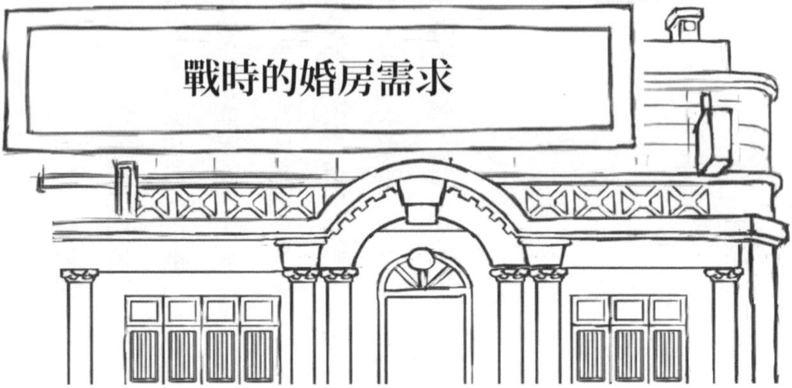

除了製造難民、損毀房屋，戰爭有時候還會增加民間對婚房的需求。

民國三十八年以前，國、共兩黨在江西打仗，炮火連天，傷亡慘重，屍體無人收拾，成了野狗的美餐。野狗吃人肉吃上了癮，也吃出了經驗，看見手背在身後走路的人，就以為他快被槍斃了，於是跟在後面，如果那人往地上一躺，牠們就猛撲過去。所以當時走路不能背著手，要像走正步一樣大幅度擺動，更不能躺在地上休息，真走累了，最好抱著一棵樹站著。

就在這個狗吃人的年月，江西贛州的物價不降反漲。一九四七年三月七日，一石米（八十公斤）十萬元（法幣，下同），一卷衛生紙七百元；一九四七年五月七日，一石米十七萬元，一卷衛生紙一千一百元；一九四八年二月九日，大米一百零五萬元一石，水果糖四萬元一斤；一九四八年八月十六日，西瓜賣到一百萬元一個，大米賣到五千萬元一石，從贛州坐火車到上海，票價高達一億元！居住成本同樣飛漲，一九四六年八月五日，贛州市區一間瓦房的每月房租是六千元；一九四八年十月二十日，同樣一間房要付月租一千七百五十萬元[26]。

戰爭時期物價上漲，一是因為物資短缺，二是因為通貨膨脹。居住成本之所以也在上漲，除了因為物資短缺（房屋因轟炸而減少）和通貨膨脹之外，和需求增加也有關係。《申報．自由談》刊登過一篇專欄文章，題目叫〈內戰與婚姻問題〉，作者說「每逢內戰正酣的時候，在戰區附近地方的人家，結婚總比平常多幾倍」，因為「女的怕丘八強姦，趕快想嫁一個夫婿；男的呢，飛機整天在頭上盤旋，炸彈啪啦打下來，說不定有一天要打到自己身上，死前總不能不曾和女子睡過覺」，所以年輕男女趕緊結婚。結婚需要有婚房，於是買房的和租房的人都多了起來，大家對房屋的需求突然增加，居住成本自然抬高。

蒲松齡也描述過類似現象。康熙平三藩的時候，八旗兵丁肆虐山東，搜淫民女[27]，民間又謠傳清廷即將強徵未婚少女做營妓[28]，故此，有女兒的人家趕緊讓女兒出嫁，鬧得滿街都是花轎，連十二、三歲的小姑娘都提前嫁了人（蒲松齡早在順治年間成婚，其妻子過門時年僅十二歲[29]）。那時候的新娘要求不高，結婚毋須買房子，不然的話，山東房價肯定暴漲。

用刺刀把房價挑起來

接著來說說民國初年。

民國初年所有大都市當中，北京的房價並不算高，房地產市場並不火爆，尤其是國民政府遷都南京以後，北京到處是空房，南京那邊房價飛漲，北京這邊房租暴跌。到一九三〇年春天，各級學校開學，學生返京租房，北京房租才慢慢恢復到民初的水準。一個叫魏樹東的知識分子曾經評論：「國民政府倘設於北平，則北平必繁盛依舊，今設立於南京，故南京日趨景氣，北平如棄婦矣，其地價、房租日降，此其厥因。」[30]說明了政治因素對房地產市場的極端重要性。

一九三〇年以後，北京房租雖然緩慢上漲，但沒有太大變動，直到一九三七年日本兵占領北京，才把北京的房價和房租一下子炒了上去。日本人之所以能炒高北京房租、房價，並不是因為

被日軍攻占後的北京街頭，德國攝影師 Hedda Morrison 攝於一九三九年。

日本人來北京組團炒房，而是由於大量的日本僑民緊跟在日本兵的刺刀後面，紛紛搬遷到北京居住，造成了住房需求的增加。除此之外，一九三七年到一九三八年這兩年間，日本兵在北京四郊不停地大搞屠殺，把存活下來的四野鄉民逼到還算太平的北京城區，造成北京人口急劇增加，也是房租上漲的一個重要推動力量。

北京淪陷期間，幾乎所有的行業都停滯下來，唯獨房產仲介大行其道。老舍巨著《四世同堂》裡有位金三爺是專做房產仲介的，由於房租上漲而房客仍然源源不斷地上門找房，金三爺和其他同行的生意火熱。用老舍的話說：「他們（指金三爺等）的眼彷彿會隔著院牆看清楚院子裡有無空閒的屋子。一經他們看到空著的屋子，他們的本事幾乎和新聞記者差不多，無論你把大門關得怎樣嚴緊，他們也會闖進來的。」這個場面和二〇一〇年夏天中國租屋市場暴熱，房產仲介打電話到處找房源的壯觀景象簡直一模一樣。

和北京相似，東北在被日本關東軍統治的「偽滿洲國」時代，房地產市場也火紅了好一陣子，偽滿政權設立的國營房地產開發企業「滿洲房產株式會社」，在當時偽滿洲國的首都長春（那時候叫「新京」）、瀋陽、哈爾濱蓋了不少房子，竟然還是不夠。究其原因，一是日本僑民大規模遷入東北，使當地人口急劇增加；二是因為關東軍在東北農村惡行累累，原來在農村居住的土財主為了保命，紛紛搬到城裡；第三，不可否認的是，雖然日軍在東北犯下滔天罪行，但是為了便於經濟剝削，也為了向國際展示「滿洲新氣象」，讓那些對日本蠶食東北表示不滿的國家改變看法，他們對東北的基礎設施確實做了不少改進，在「最適於滿洲之住宅建築」方面下了一番工夫[31]，使得幾個大城市變得較為宜居。

用炸彈把物業費轟上天

日本人發動的侵略戰爭對這段時期的房地產市場影響很大，而且影響並不限於北京和東三省，還波及到了香港。

現今香港的房價比中國大陸高出一大截，當年亦然。抗戰前的上海、淪陷後的北京、二〇年代的廣州，算是大陸所有城市中居住成本最高的三個城市，不過和香港一比，還是小巫見大巫。一九三四年，上海「房荒嚴重」（一九三四年三月十六日《申報．本埠增刊》），廣大房客鬧著減租，每月花十塊大洋仍可租一亭子間；一九三二年廣州號稱「地價房租飛漲不已」（一九三二年十二月二日《中央日報》第六版），每月拿出毫洋三十元，仍能在最繁華的惠愛路租到一室兩廳。到同時期的香港走一趟，一家三口租一陽臺，出來進去得從其他房客床前繞著走，月租竟然折合大洋二十多元或毫洋三十多元！香港的房子貴，可不是最近一天、兩天的事。

一九四一年，日本人驅趕英軍，占領香港，出動飛機狂轟濫炸，住在香港的英國人怕被日軍殺害，撤到澳洲，日本僑民害怕英軍報復，也返回日本老家，香港本地居民也跟著撤離，有的逃到馬尼拉，有的逃到檀香山，有的逃到美國，有的舉家遷往巴西。照理說，時局如此之亂，逃離者如此之多，居住成本肯定下降，可是不然，大批難民出逃的同時，又有更多的難民湧入——那時候中國大陸也正遭日本人蹂躪，上海人以為香港有大英帝國罩著，淪陷時間不會太長，於是攜家帶眷擠入香江，填補了空白。另外，西南聯大的學生和老師們從北方逃亡昆明，往往需要繞道香港或越南，戰事一緊張，到了香港就走不掉了。所以在被日軍占領的那三年多裡，香港的總人口並沒減少，住房需求仍然旺盛，房租和房價仍然堅挺。

事實上，香港淪陷期間的居住成本比淪陷前還要高，因為一些地區的物業費用也隨之上漲。確切地說，漲的不是物業費，而是屋主和房客們為了安全起見，得向黑社會繳交保護費，或者聘雇他們看守大門，所謂的物業費用上漲，指的就是要多花一筆給黑幫的錢。

為什麼要把錢給黑幫呢？因為香港淪陷後，警察系統已經癱瘓，治安壞到了極點，遭到搶劫也沒人過問，為了住得安心些，大家集資請黑社會護駕，一家交一百塊港幣，晚上就有四、五個打手過來看門。擔任過北洋政府國務總理、國民政府駐俄大使，後來出任全國政協委員的顏惠慶就有這樣的經歷。他說，黑社會不像官員那樣瀆職，他們有組織、有紀律，拿人錢財就替人消災，「付了保護費，強盜真的不來光顧了。」[32]

千萬別說顏老先生覺悟低，這可是有歷史明鑑的。《水滸傳》裡梁山好漢打家劫舍，官兵沒本事抵擋，祝朝奉只好自辦團練。明朝時倭寇肆虐江浙，商船動輒遭劫，政府要錢要糧卻不出兵，商家只好雇海盜護航。英法聯軍占領廣州，部分士兵在街頭搶劫，廣州守軍逃命的逃命，被俘的被俘，有錢人只好用大刀、長矛、抬槍、弓箭以及每月六塊鷹洋的薪水把鄉勇武裝起來[33]。八國聯軍攻打京津，在天津楊村搞屠殺，綠營兵望風而逃，楊村居民只好請青幫來護鎮。

之前我三姨媽的老家建化工廠，經政府之手強徵耕地，一畝只補二萬七千元人民幣，村民不服，抗議被打，堵路被抓，乾脆鋌而走險，雇人綁架招商局局長。過去孔夫子常說「禮失而求諸野」，那是站在士大夫的立場上說的，在我們小百姓看來，「禮」失不失不要緊，安全感和財產權才是根本訴求，要是從政府那裡求不到，就只能從黑社會那裡取得了，這叫「官失而求諸黑社會」。我說的這些是題外話，打住。

抗戰時期怎樣選房子？

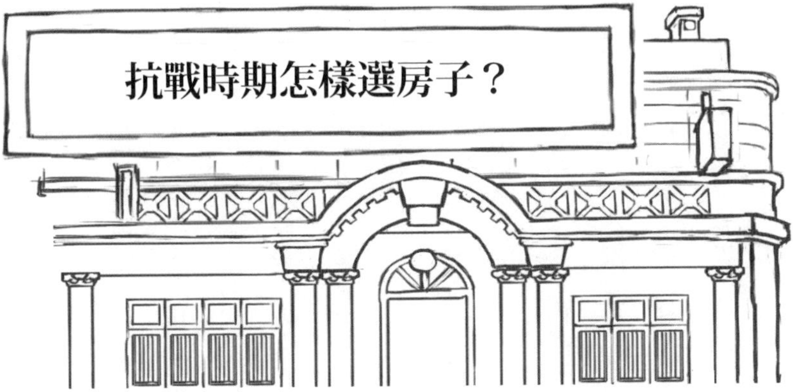

抗戰初期，為了生活方便，人們買房或租屋盡可能選擇市中心，或是離大學、醫院、公家機關、車站、戲院、商場、電影院較近的地段。這種偏好和我們現今完全一樣。結果呢，敵機一來，最先轟炸的不是市中心，就是大學、醫院、公家機關、車站、戲院、商場、電影院，好不容易買下的豪宅不是被炸毀，就是被焚毀，運氣再不好些，連小命都得賠進去。

一九三七年，上海建築學會主編的《建築月刊》第五期刊登了一篇分析報告，按照日軍空襲的偏好程度，為大城市裡的公共建築排了順序：最容易遭到空襲的是火車站，其次是自來水廠，其次是電燈廠和電力廠，再其次是煤氣廠，然後是軍事機關、行政機關和交通機關，然後是學校，然後是醫院，最後是戲院、電影院等娛樂場所。從日軍對上海、蘇州、杭州、無錫等江南城市的轟炸跡象來看，這篇分析報告十分可靠。

假如買房子時遠離水廠、車站、學校、機關等公共建築，是不是就萬事大吉了呢？也不是。第一，市中心的房子不能買，因為市中心人多，變態的日本軍專揀人多的地方扔炸彈；第二，晚上燈火通明的地段不能買，因為日本空軍經常挑夜裡發動空襲，哪兒有亮光它就奔哪兒去。後來大家摸熟了日軍的習慣，尚未淪陷的城市統統施行燈火管制，過了晚上八、九點鐘，一概不准亮燈，正因為這個緣故，抗戰期間什麼都漲價，就是煤油和煤油燈沒漲。第三，高樓層的、有電梯的公寓不能買，因為目標明顯，炸起來方便。非要買的話，也別買最上面那三層，最好買一樓和地下室——日軍炸彈的威力從上而下貫穿房頂可直透三層，所以上面三層都不安全，愈往下愈安全。

日軍轟炸時日一久，再固執的置產者也會清醒過來，原先認定市中心比較優越、繁華地段比較優越、高層公寓比較優越、學校車站醫院商場附近比較優越的人，只要僥倖沒被炸死，都改了主意。到了後來，城郊的房價一般比市區高，地下室的房租一般比地上樓層的公寓貴，往常沒人過問的房子，居然成了最佳避難所。這是抗戰時期房地產界的一大奇觀。

最後再舉個例子。一九三七年，成都房價最高的地段是市中心的春熙路；到了一九三八年，春熙路房倒屋塌一片荒涼，成都房價最高的地段變成了位於郊區的牛王廟街[34]。

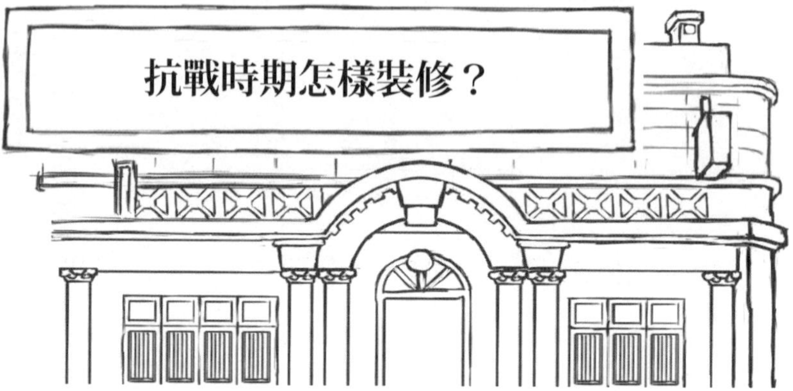

抗戰時期怎樣裝修？

過去老說以前的年代是「黑暗的舊社會」，我覺得這話就某程度上來說是很貼切的。

就拿抗戰時期來說吧，交通受阻，資源緊缺，華南的米不容易運到華北，關外的煤不容易運到關內，日軍老是去還沒有占領的城市搞空襲，國軍老是去還沒有奪回的城市扔炸彈，槍炮聲砰砰砰砰地把人心都弄亂了，也讓很多火力發電廠不得不關門大吉，水力發電和風力發電當時又不普及，所以電力總是不夠，各大城市永遠在限電。

一九三七年日軍攻占上海華界以後，限定華界居民每家每月最多只能用十五度電；一九四一年日軍攻占公共租界，又限定租界的居民每家每月最多只能用七度電。七度電能幹什麼呢？一支五十瓦的燈泡，每天只亮五個小時，用不了一個月就會耗盡用電額度。所以抗戰時期上海人家裡都不敢使用大功率電器，連燈泡都用二十瓦以下的，而且一家只裝一、兩支，使得廣大里弄一入夜就一片漆黑，進了上海好像進了農村一樣[35]。您說，這不是「黑暗的舊社會」又是什麼？

不光上海限電，南京也限電。日軍在南京大屠殺後成立了偽政府，曾經限定每家每月用電不能超過五度，後來又減少到三度。三度啊！落地箱型冷氣打開大概一根菸的時間，這個月就沒有用電額度了。當然，那時候沒有落地箱型冷氣。幸虧沒有，不然花好幾萬元買一臺等於買了個裝飾品，除了把進氣柵板卸下來當搓衣板使用，沒有別的用途。再後來，國軍反攻，南京的能源輸送全數切斷，電力奇缺無比，偽政府只好輪番停電，今天玄武區停電，明天鼓樓區停電，後天雨花臺停電，包括燈紅酒綠的秦淮河、夜夜笙歌的夫子廟，也跟著輪番停。現今有「全球熄燈一小時」的節約能源活動，抗戰時期的南京人更前衛，玩的是「全區熄燈一整天」，而且是一區接一區持續不斷，非常之節能。鑑於這個活動是日偽政府發起的，應該給日偽政府頒發「節能獎」——你知道我是開玩笑的啦。

抗戰時比電力還緊缺的是石油。民國初年的石油全靠進口，而且優先供應給飛機、坦克，留給民用的少之又少。抗戰前很多有錢人都買了汽車，後來才發現加油是個大問題，一是油價暴漲，二是有錢也加不到油。日偽政府和國民政府都發行過加油證，憑證加油，不能超限[36]。票證上的加油指標少得可憐，繞城轉一圈，一個月的石油配額就沒了。如是之故，民初的私家車主改車成風，紛紛把汽油車改成使用煤炭或以木炭為動力：發動機裝在車座兩邊，帶個又大又笨的煤氣發生爐，啟動前得提早半小時生起爐火，行駛時濃煙滾滾，宛如自焚。

由於用電難和買油難，當時的人為新家添購燈具時，就得連這些問題一併考慮。「天價吊燈」之類的豪華燈具肯定沒人買，五十瓦以上的普通燈泡也沒人買，大家只買瓦數低的。在當年算是新式的玻璃罩煤油燈也開始走上回頭路，被改成秦漢時代的燈碗，燈碗裡不加煤油（不容易買到），只加土產的豆油、棉油、菜籽油或蓖麻油，裡面浸一根長長的雙股棉線做燈芯。

抗戰時限電，除了因為電力短缺，還有軍事方面的考量——城區燈火通明，容易被夜間突襲的敵方戰機當成目標。空襲頻繁時，無論是日軍、日偽政府或國民政府都會施行燈火管制。像是當年安徽省省會安慶（現今省會為合肥）遭受日機第一輪空襲以後，駐守的國軍立馬「禁明」，也就是不許亮燈。再比如，駐守重慶的飛機前往淪陷後的上海偵查時被日軍發現，日軍趕緊「宵禁」：一過晚上九點，街上不許有人（若有急事出門，得提前向日本憲兵隊申請特別通行證），窗外不許透光，馬路上的霓虹燈全部熄滅。

安慶是小地方，市民過慣了日出而作、日落而息的傳統生活，容易適應禁明的日子，上海人可就難了，誰家晚上九點就熄燈睡覺啊！特別是闊家大少和舞場小姐，一向過慣了夜生活，夜裡要是不喝酒、不打牌、不跳舞、不看戲，時間長了會瘋掉的。可是，喝酒、打牌、跳舞、看戲都需要有光，日本兵又不讓透光，怎麼辦？只能在門窗上動腦筋，掛一道厚厚的、不透光的、色彩灰暗的窗簾，把窗戶遮得嚴嚴實實，屋裡燭光晚餐，屋外漆黑一片，讓日軍看不出來。在上海陷落的那段歲月裡，暗色調的窗簾一向賣得比亮色調還快，就是因為這個原因。

老上海貧富懸殊，買得起窗簾、開得起派對的都是有錢人，窮人不開派對、也不買窗簾，如果夜裡需要加班加工趕生活，就在窗戶上糊黑紙，不透光的黑紙雖然沒有窗簾好看，卻能發揮和窗簾一樣的遮光效果。只不過黑紙糊上去以後很難撕掉，白天影響採光，所以又有一些人改用破床單當窗簾。床單通常都是白的，白色不易遮光，還得用染劑先染黑才行。那時候上海的外逃人口不多，淪陷期間常住居民仍然超過四百萬，即使其中只有一百萬人用床單當窗簾，也需要購買大量的染劑，很多顏料商因之暴富，莫名其妙發了一筆戰爭財。

本章開篇就說過，戰爭是一款很強大的驅動力量，威力巨大，影響深遠，好比古怪發明家戈德堡發明的「蚊子叮咬抓癢器」中被小鳥啄響的那尊火炮，炮聲轟然炸響，笨狗騰空而起，或者跳進鍋裡，或者跳到別的地方去，究竟往哪個地方跳，小鳥預料不到，發明者不可控制，連狗自己都不知道。日軍侵華戰爭就是一個最典型的範例，日本人像狗一樣跳進中國這口大鍋之前，決不可能想到這一跳既會使某些地方房價下跌，又會使某些地方房價上漲，更想不到他們會改變中國人的裝修偏好，進而讓顏料商吃成胖子。

好了，第一章講完。

第二章

民國初年的徵地和拆遷

日本軍隊在中國沒做過什麼好事，南京大屠殺、旅順大屠殺，這些罪惡滔天的暴行在歷史課本上一再提起，人人皆知，但還有一些暴行在課本裡不小心被忽略了，通俗歷史著作也鮮見回顧，它們埋藏在舊報紙和抗戰小冊子的字裡行間，埋藏在大難不死、仍然健在的長壽老人回憶裡，偶爾也能在當年漫畫的內頁裡見到，就像一、兩張不引人注意的帶血標本。

我說的暴行，指的是低價徵地和暴力拆遷。

請允許我舉兩個活生生的例子。

一九三七年七月，日軍攻占北京，打算在今天的豐台區造甲村（位於北京西站西南）修建機場，為此徵用了一批土地。徵地需要付給補償，當時日軍付了多少補償，或到底有沒有付補償，史料上沒記載，我們只知道農民不答應（也許是出於愛國精神，也許是因為補償太低），不願意在協議書上簽字。日軍就採取強制手段，用刺刀逼迫農民簽字。最後他們得逞了，成功徵地近二百畝[1]。

我猜想，日軍用刺刀威逼農民的時候，決不只是恐嚇那麼簡單，被徵地的一方免不了流點血，說不定還死了人。不過史料上沒寫，我不敢妄言。

下面這起徵地事件則是貨真價實的血流滿

日軍在北京造甲村強占民地修築機場，梁中銘繪製。

地。一九三七年八月，日軍攻占上海，在今日上海浦東新區的黃沙村和顧家宅村修建機場，同樣向農民徵用土地。這回日軍吸取「教訓」，乾脆不給任何補償，也不和農民談任何條件，直接殺人奪地。黃沙村縱橫七、八十里，定居三、四百人，不分男女老幼，全數被日本人屠殺殆盡，無一倖免。顧家宅村倒沒遭受滅村之禍，但日軍為了殺人立威，一刀下去，把一個剛滿四歲的孤兒劈成了兩截[2]。人都死了，自然不會再有什麼釘子戶，自然不需要再給什麼補償。

順便講一個發生在現代的故事。

二〇〇六年，中國某縣城興建國宅，在城郊徵地六百畝，每畝只付給農民人民幣三萬元補償費（後來國宅專案流產，縣政府把這六百畝地賣給江蘇丹陽某開發商，每畝出讓價是人民幣一百七十萬元），而且必須在一個月內交地，不然不給青苗補償。農民感覺太虧，先是抗議，無效；後來又圍堵縣政府，無效；最後幾千位農民扛著鋪蓋在省道上安了家，和荷槍實彈的防暴員警對峙了兩天一夜，也把省道堵了兩天一夜，地方官員束手無策，才答應把補償調高到四．五萬元一畝。四．五萬元一畝的補償仍然很低，但被徵地的農民已經心滿意足，認為總算取得了成功。

在負責徵地的官員們看來，這次徵地賠了血本——比預算多花了七百二十萬。換言之，他們少賺了七百二十萬，本來徵地結束後，能讓局長和主管們出國旅遊來著，能給各單位公務員發獎金來著，少了這七百二十萬，出國旅遊吹燈拔蠟，獎金不翼而飛，誰不生氣？追根溯源，罪魁禍首自然是那些堵路的農民。我認識該縣城一個相關官員，他在徵地時跑前跑後忙得很，因為農民堵路，補償超出預算，他被上司罵了一頓，心情非常不爽，在酒桌上惡狠狠地說：「那些傢伙都是軟蛋，咋就不敢開槍呢？」意思是，要是防暴員警開了槍，殺幾個堵路的農民，就沒人敢和政府討價還價了。

這位官員是個半文盲，從來不讀書，更加不讀史書，假如他讀了我這本書，讀了日本人一九三七年在上海浦東屠村徵地的「事蹟」，肯定會感歎今不如昔：那時候徵地多省事啊！

汪精衛在廣州怎樣徵地？

日軍在中國徵地的過程充滿了血腥，被日軍扶持起來的日偽政府也一樣血腥。

這裡舉兩個例子，一個例子是汪精衛為首的偽政府在廣州徵地，另一個例子是末代皇帝溥儀為首的偽滿洲國在東北徵地。

先說第一個例子。

一九四三年二月，汪偽政權擴建廣州白雲機場，在三元里一帶徵收了農民土地二百多畝。古往今來，不管是為了公用，還是為了私利，徵收土地都是必須補償的，補償數字至少在理論上不能比被徵收土地的市場價值低。換句話說，不管當權者出於什麼目的徵地，都不應該讓農民吃虧。汪偽政權給的補償是多少呢？每畝七百七十八元。這當中包括了土地補償金、青苗補償費、遷墳費，以及重修水利設施的補助等。總之，所

日偽政府一九四三年發行的中儲券，又名「新法幣」。

有應該補償的項目都列了進去。

每畝補償七百七十八元，不是大洋，不是毫洋，而是汪偽政權在統治區內強制發行並普遍流通的紙幣「中儲券」。中儲券和法幣一樣，剛發行時還很堅挺，愈到後來貶值得愈快，最後拿出幾百萬元中儲券也只能買根火柴，大堆鈔票形同廢紙。而在一九四三年二月時，中儲券已經貶值了，但貶值的程度還不是很厲害，當時廣州市面上一石「齊眉」牌大米賣到六百二十八元（中儲券，下同），一石中級麵粉賣到七百四十八元，一石黃豆賣到一千零七十八元，一石花生賣到三千七百七十三元，一石豬肉賣到四千四百三十一元，一石冰糖賣到一千三百九十三元。

「石」本為容量單位，在民初成了重量單位，民國初年的一石等於八十公斤。那麼在一九四三年二月，拿出中儲券七・八五元能買一公斤大米，九・三五元能買一公斤麵粉；如果買黃豆、花生、豬肉、冰糖各一公斤，則分別需要中儲券十三元、四十七元、五十五元、十七元。拿這組物價和現在的物價相比，您可以估算出當時中儲券的購買力：大概每兩元中儲券才能兌換五塊錢新臺幣。汪偽政權徵收三元里一帶農民土地，每畝給予補償七百七十八元，折合成新臺幣還不到二千塊，簡直就是白撿。

那時候的三元里還不繁華，地價並不高，農民的土地尤其便宜。但再便宜也有個價格，早在一九三三年廣州還沒淪陷時，這兒的一畝地就能賣到毫洋幾千元[3]，按購買力折合成新臺幣，至少是幾十萬元一畝。市價幾十萬，只給幾千，汪偽政權對廣州農民可算是狠到家了。

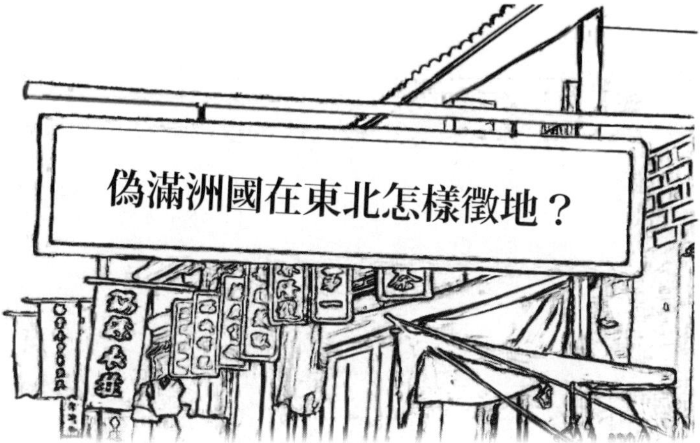

偽滿洲國在東北怎樣徵地？

相較於汪偽政權在廣州的廉價徵地，偽滿洲國在東北的圈地運動更是可怕。

您知道，日本關東軍曾經攻占東北，成立偽滿洲國，扶植滿清末代皇帝溥儀做了偽滿洲國的第一任也是唯一一任君主，然後他們就把整個東北變成了日本人的殖民地。殖民地當然離不了「殖民」，在二十世紀三〇年代，日本政府陸續派出一批又一批的日本農民和日本浪人前往東北，在白山黑水之地定居下來[4]。定居需要蓋房子，蓋房子需要土地，為了提供土地給新遷來的日本人，關東軍授意偽滿當局在長春、瀋陽、哈爾濱等城市大肆徵地[5]。

一九三九年四月，演員趙本山的老家鐵嶺來了個日本籍的新縣長（當時鐵嶺還是縣級行政轄區）古田傳一。新縣長親自主持徵地工作，當時新檯子村的村莊被徵收了八百四十五畝耕地，領到的補償連一年口糧都不夠。村民們到政府大門口靜坐示威，古田傳一煽情又無恥地對前來抗議的失地農民說：「收買移民地是國策！」[6]意思是你們要愛國，要顧大局，不能光打自己的小算盤。

早在偽滿洲國才成立半年的一九三二年十月，日本關東軍就指使黑龍江阿城縣政府在阿什河沿岸徵收一萬四千五百垧（面積單位，一垧一般指十五畝）耕地，補償標準是已經耕種過的熟地每垧三十元到七十元，還沒耕種過的生地每垧十五元。然而，市場價要比補償高多了，地勢平坦、地段優良的優等耕地每垧能賣二百元，最差的耕地每垧也能賣一百三十元。

事實上，農民們連理論上規定的補償標準也拿不到，縣政府派出的評估員故意壓低土地等級，本來是熟地，他們登記成生地；本來是優等地，他們登記成劣等地，讓農民能領到的補償更低了。

更過分的是，補償款不是直接發到農民手裡，而是讓失地農民去找一個叫做「東亞勸業會社」的企業設在哈爾濱的辦事處。從村裡到哈爾濱有上百里路程，當時交通不便，土匪橫行，辛辛苦苦領到的補償款很可能被土匪搶走。而且東亞勸業會社效率極低，失地農民背著行李在辦事處門口排起長長的隊伍，發放補償款的工作人員不緊不慢地間磕牙，甚至刁難農民，不是說手續不夠，就是說公章不在，逼得農民來來回回跑了幾十趟。為了把補償領到手，甚至得磨上一、兩個月，來回的路費、餐費、住宿費再加上誤工費用，可能都比補償還要多些，與其去領錢，還不如不領。偽官僚和關東軍等的就是這個，你不領正好，替他們省錢[7]。

一九三四年三月，關東軍特務部在《吉林省東北部移民地收買實施綱領》中規定，徵用農民耕地的補償標準最高不能超過每垧二十元。同年六月，日本拓務省提出，要按「比現在普通市價顯著低廉」的標準，「在關東軍的支援下收買土地」[8]。偽滿洲國做為關東軍和日本拓務省的傀儡，徵地的時候自然只給極低的補償。從常識推測，經手徵地的偽滿官員極可能還貪汙了一部分徵地款，使失地農民得到的補償更少。

補償費若明顯低於市價，徵地時肯定會遇上阻力。現今解決阻力的辦法相當多元，包括連坐（父母不在徵地協議書上簽字，兒女可能丟掉工作）和動武（譬如雇黑社會充當打手，把釘子戶打傷、打殘）。偽滿洲國喜歡動武，也不需要雇黑社會當打手，因為有關東軍幫忙殺人，如果你在徵地過程中不配合，就得和日本兵的刺刀比劃比劃。總而言之，偽滿在東北徵地時經常伴隨著流血事件，不是釘子戶遭到日軍滅門，就是整個村子飽受日軍屠殺。

末代皇帝溥儀在回憶錄裡提到：「東北農民在糧食被強徵的同時，耕地也不斷地被侵占著。根據《日滿拓植條約》，日本計畫於二十年內從日本移民五百萬人到東北來，這個計畫沒有全部實現，日本就垮臺了，但是在最後兩年內移入的三十九萬人，就經過偽滿政權從東北農民手中奪去了土地三千六百五十萬公頃。」[9]

也就是說，單單是一九四四年和一九四五年這兩年內，偽滿洲國當局就強制徵收了三千六百五十萬公頃的土地。根據中華人民共和國國土資源部發布的《二〇一〇年中國國土資源公報》，二〇一〇年的徵地總面積不到四十萬公頃，偽滿一年的徵地規模，相當於今日幾十年的徵地規模。我覺得，偽滿之所以能夠如此大規模徵收土地，一是因為補償很低，不需要花多少錢；二是因為阻力很小——殺人，當然可以減少阻力。

降低了誰的發展成本？

站在汪偽政權和偽滿洲國的角度來看，徵地補償當然是愈低愈好，因為徵地補償愈低，蓋機場、引進移民、房地產開發的成本就愈低。花同樣的錢，能辦更多的事。套句官話講，這樣可以降低發展成本，加快發展速度。

但問題是，降低了誰的發展成本？

在日本刺刀的輔助下，偽政府可以低價徵地甚至無償徵地，建設成本當然下降，貪汙機會當然增加，甚至也降低了時間成本：只要一紙公告貼到牆上，老百姓就得主動交出土地和房子，毋須談判，毋須公證，毋須上法庭打官司，效率高得驚人。

可是對那些農民來說，不但沒有降低成本，反而增加了成本，他們的生存成本在上升，抗爭成本也在上升，當申訴無門時，要嘛衝向日本刀，要嘛選擇自焚，要嘛忍下這團怒火，讓它在心底熊熊燃燒，直到某一天突然像火山一樣爆發。

常識是這樣的：政府不應該為了降低自身的統治成本而存在，而是應該為了降低國民的生存成本而存在，倘若做不到這一點，就不是一個合格的政府。

常識也是這樣的：從長遠來看，任何一樁強制拆遷和低價徵地都會在無形中增加統治成本，因為喪失公平感和安全感的人民是最難統治的。當年汪偽政權和偽滿洲國的統治之所以如此短命，並不是炎黃子孫不願充當亡國奴，而是實在忍受不了那種極端變態的剝削方式。

這些常識和偽政府是講不清的，擱到現在說，卻為時不晚。

孫中山的徵地想法

無論是汪偽政權，還是偽滿洲國，徵地時都有一個共同點：付給農民的補償遠遠低於市場價。這種不合理的做法，和孫中山先生的徵地思想可說是背道而馳。

孫中山先生如何看待徵地呢？四個字可以概括：照價收買。

眾所周知，孫中山先生提出了三民主義，三民主義裡有一條民生主義，民生主義要求平均地權，平均地權又包含兩個要點：一、漲價歸公；二、照價收買。

譬如您炒一塊地，買的時候一千萬，現在漲到了二千萬，您轉手賣掉，賺了一千萬，按照孫中山先生的理論，您至少得交給政府八百萬，讓政府把這八百萬投入教育、鐵路、市政或國防。換言之，土地溢價不能讓一個人獨吞，應該拿出一部分讓全民分享，這就叫「漲價歸公」[10]。

再譬如您的住家市值一百萬，現在政府為了拆遷要請您搬家，那政府就得給您一間一模一樣的房子，或者按照一百萬或更多（加上安置費）的標準來補償。也就是說，政府在拆遷或徵用私人產業的時候，必須公平合理，必須像地位對等的買家，必須走市場路線，「不讓人民吃虧」（川系軍閥劉湘的名言），這就叫「照價收買」。

過往中國大陸的歷史課本在講解三民主義時，總會提及平均地權，但是要點往往講錯，以為平均地權就是讓農民都有自己的土地，是土地改革。其實平均地權不光是在農村平均，也是在城裡平均，不光是平均土地分配，還要平均住房供應。怎麼平均？還是那兩個要點：漲價歸公，照價收買。

只要漲價歸公，用不著打房，建商或開發商就不會再養地了，投機者就不會再炒房了，房價、地價絕對不會上漲得那麼快，快得像最近十幾年這樣，讓絕大多數購屋人措手不及。而且只要能照價收買，用不著說服，用不著恐嚇，大多數拆遷戶都會主動搬遷，根本不可能湧現那麼多釘子戶，群體事件會銷聲匿跡，大規模抗議會減少九成，「維穩」和「截訪」這類極具中國特色的詞語也會在不遠的將來變成古漢語。孫中山先生的三民主義雖然陳舊，裡面仍有符合時代需要的部分，要是今日能實施漲價歸公和照價收買，對老百姓應該是很有利的，對於建構和諧社會更是有用。

當然，今天實施起來，肯定會有很大阻力——漲價歸公還容易些，但要是真的照價收買，地方政府徵收農民土地的時候不再享受巨大價差，土地財政等於破產，官員們不就沒指望花錢了？

然而在民國初年，三民主義未能真正貫徹，漲價歸公和照價收買在很大程度上只停留在紙面空想。

國民革命軍北伐勝利以前，南北分裂，各自為政，來不及實施這一主張。後來北伐勝利，南京國民政府成立，制定並於一九二八年六月頒布《中華民國土地法》，但裡面只寫了照價收買，沒提漲價歸公。再後來「土地投機風行於各大都市」（學者陳岳麟一九三六年調查報告），經濟學家呼籲徵收地價稅和增價稅，除了上海和青島等少數城市回應，不見其他城市跟進。緊接著日本侵華，八年抗戰，接著又發生國共內戰，一直到一九四九年，漲價歸公都沒能變成現實。

至於照價收買呢？南京國民政府一九三〇年修訂《土地法》，以及後來制定《土地法施行法》，還有召開「中央政治會議」議決土地徵收時，都強調了「徵收土地不得以營利為目的」與「須照價收買」這兩大原則。可是若看看那時徵收民地給予的補償，就知道法律規定只是些空話罷了。

一九二八年，南京市拓寬中山路，在長達十二公里的狹長地帶徵收土地七百畝。南京市政府草擬了補償標準，交給一個臨時設立的仲裁機關「土地徵收審查委員會」審定。理論上來說，土地徵收審查委員會可以制衡市政府的徵地行為，可是該委員會只有五個人，委員長就是南京市土地局局長，另外四名委員當中有三名是財政局長、公安局長之流，只有一名是商會代表，而且還是土地局長的親戚。這樣的機構完全是個空殼[11]，市政府草擬的補償標準再低，到了委員會也會全票通過。

該委員會通過了以下補償標準：徵收土地以平方公丈（六十平方公丈為一畝，每平方公丈折合為十一平方公尺多，差不多是三．三坪）為單位，按照地段優劣，每平方公丈最高補償二十二元（銀元，下同），最低補償六元[12]。事實上，那時候中山路兩旁的土地每平方公丈最低也賣到五十元，要說這叫照價收買，無疑是睜眼說瞎話。不過南京市政府有自己的一套理由：我們的確是照價收買，只不過照的是一九二六年的市價，不是一九二八年的市價！

您知道的，一九二六年的南京還沒有變成首都，中山路一帶人口稀少，滿目荒涼，土地價格很低。可是到了一九二八年，遷都工作已經完成，短短一年內，南京人口從三十萬暴增到七十萬，房價大漲，房租大漲，地價也跟著翻漲，市政府按遷都前的老行情徵地，簡直坑人到了極點[13]。

當時主持徵地的官員是南京市長劉紀文，此人是宋美齡的前男友，心狠手辣，很有「魄力」。被徵地的老百姓群情激昂，前往內政部訴願（就是現在的請願），劉紀文卻堅持按照土地徵收審查委員會通過的那套補償方案強制徵收土地。中山路兩旁有一些臨時搭建的簡易房屋，有的是商鋪，有的是難民窩棚，全被劉紀文當成違章建築給拆光光，而且沒給一分錢補償。失去土地的百姓和失去房屋的難民串聯起來，聚集在南京下關廣場，先是靜坐示威，然後進城遊行，媒體也來助威，一些報紙把民眾抗議的新聞印成號外免費發送。劉紀文派軍警鎮壓，逮捕了幾個人。第二天，南京農協會、南京商民協會、安徽同鄉會（中山路兩旁住的主要是安徽人）和碼頭總工會等社會團體聯合公告，宣布罷工罷市，以此抗議市政府的野蠻行為。劉紀文在不得已之下，提高補償標準，事態才平息下來。可是一拆完房子、徵收完土地，南京市政府翻臉不認帳，一是減半發放，二是拖欠補償，直到一九三三年才把經過七折八扣所剩無幾的補償金發放下

主持徵地的劉紀文。此人在中山路拓寬工程中低價徵地，強拆房屋，派軍警毆打集會民眾，幹了些壞事。但從官方角度看，他雷厲風行，不怕挨罵，其鐵腕手段使南京面貌煥然一新，是建設南京的大功臣。

去，但這時候中山路兩旁的土地，早已漲到每平方公丈三百元了。

南京是首都，是官方口中的「首善之區」，官員理應守法，政府理應愛民，《土地法》和照價收買的紅頭文件剛剛頒布下去，堂堂市政府就採取詐欺手段和武力鎮壓的方式低價徵地並無償拆遷，而且主事官員毫髮無損，沒有受到懲處，法律和現實怎麼差得那樣遠呢？

劉紀文強制徵收土地與老百姓聚眾抗議的事情，我是在民國初年學者的調查報告和中醫陳存仁的回憶錄《銀元時代生活史》裡讀到的。讀到這起徵地事件之前，我喜歡透過法律和公文來瞭解那一段年代的歷史；讀到這起徵地事件之後，我開始把注意力放到民國初年的報紙和一些私人紀錄如日記、信箚上，因為透過後者才能看到真實的當年。很多時候，「名」和「實」是分離、甚至是截然相反的，我們無法透過一個國家的憲法來分辨這個國家是否民主，也不能透過一個時代的法律來判斷那個時代是否美好。

民國初年的教育相對獨立，學術相對自由，出了很多大師級人物，但它絕不是美好的時代，就算不說戰火連綿殃及百姓、土匪橫行危害治安，單是徵地不走市場價格這一條，就讓我對它心灰意冷。

中華民國土地徵收法[14]

第一條　國家依左列情形，有徵收土地之必要時，依本法行之。

（一）興辦公共事業。

（二）調劑土地之分配，以發展農業，改良農民之生活狀況。

省市縣及其他地方政府興辦前項各款之事業，地方自治團體或人民興辦前項第一款之事業時亦同。

第二條　前條第一項第一款之公共事業以合於左列各款情形之一者為限。

（一）關於創興或擴充公共建築物之事業。

（二）關於開發交通之事業。

（三）關於開闢商港及商埠之事業。

（四）關於公共衛生設備之事業。

（五）關於改良市村之事業。

（六）關於發展水利之事業。

（七）關於教育學術及慈善之事業。

（八）關於創興或擴充國營工商業之事業。

（九）關於布置國防及其他軍備之事業。

（十）其他以公用為目的而設施之事業。

第三條　興辦事業人以其事業移轉於他人時，本法規定之權利義務當然一併移轉。

第四條　本法稱「徵收」者，謂收買或租用。稱「興辦事業人」者，以第一條第一款或第二款之目的需徵收土地之主管官署、地方自治團體或人民。稱「土地」者，凡宅地、田園、礦山、沙地、荒地、街道路、河川溝渠、池沼、塋地等，皆屬之。稱「關係人」者，謂於被徵收之土地有權利之人。

第五條　本法稱「地方行政官署」者，在縣為縣政府，在市為市政府，在特別市為特別市政府。

第六條　興辦事業人得於通知地方行政官署及土地所有人或占有人後，入該土地內測量繪圖及調查，但興辦事業人為地方自治團體或人民時，應於呈經地方行政官署核准後行之。

第七條　興辦事業人因測量繪圖調查有必要時，得除去該土地之障礙物，但興辦事業人為地方自治團體或人民時，應於呈經地方行政官署核准後行之。土地障礙物之拆去，應於三日前通知土地所有人或占有人。

第八條　徵收土地計畫確定後，應由興辦事業人擬具計畫書並附地圖，分別呈經左列機關核准。

（一）國民政府直轄中央各機關、省政府、特別市政府徵收土地時，由國民政府內政部核准。

（二）縣或市徵收土地時，由省政府核准。

（三）地方自治團體或人民徵收土地時，由縣或市轉呈省政府核准。其在特別市者，由特別市政府轉報國民政府內政部核准。

第九條　前條核准機關核准後，應將興辦事業人之名稱、事業之種類及興辦事業人之地域公告之。

第十條　土地之租用，其期限在十年以內及土地之收買為擴展公共道路而無須拆毀人民之房屋者，若係國家、省或特別市事業，得省略第八條核准手續，由興辦事業之主管官署自行決定。

第十一條　興辦事業人於國民政府內政部、省政府或特別市政府核准公告後一年內，不為第十二條之通知或呈請時，該項核准失其效力。

第十二條　第八條核准機關核准後，若係國家或省事業，應由興辦事業之主管官署通知地方行政官署，由地方行政官署公告所徵收土地之詳明清單，並通知土地所有人及關係人。若係特別市事業，即由該地方行政官署自為公告及通知。若係地方自治團體或人民之事業，應呈請地方行政官署行之。

第十三條　興辦事業人與地方行政官署為前條之公告及通知後，得入該土地內測量繪圖及調查。

第十四條　土地所有人或關係人於地方行政官署已為前條之公告或通知後，不得以不當方法希圖妨礙徵收。

第十五條　國家或省徵收土地時，與辦事業之主管官署於有第十二條之公告及通知後，為取得關於該土地之權利，應與土地所有人及關係人協議之。協定無結果或不能為協議者，應囑託地方行政官署組織徵收審查委員會議定之。

第十六條　地方自治團體或人民為興辦事業人時，有第十二條之公告及通知後，為取得關於該土地之權利，應與土地所有人及關係人協議之。協定無結果或不能為協議者，應聲請地方行政官署召集徵收審查委員會議定之。

第十七條　依第十五條、第十六條，囑託或聲請召集徵收審查委員會，召集者應於囑託書或聲請書上記載土地所有人、關係人之姓名，所徵收土地之坐落，所徵收土地之面積及其附著物之種類、數量，補償金額，收買日期，租用日期。

第十八條　地方行政官署接受前條囑託書或聲請書後，應公告之或通知土地所有人及關係人。其地方行政官署自為興辦事業人時，應自行公告前條所列各項事業。

第十九條　土地所有人或關係人得自前條公告之第一日起，算於十二日內提出意見書於地方行政官署。

第二十條　地方行政官署於前條期限屆滿後，應即召集徵收審查委員會。

第二十一條　徵收審查委員會於開會之日起算，於七日內議定之，但地方行政官署認為必要時得延展之。

第二十二條　徵收審查委員會議定後，應添具議定書，報告地方行政官署。地方行政官署接收前項報告後，應將議定書送於興辦事業人、土地所有人及關係人。

第二十三條　徵收審查委員會得就左列事項為議定之。

（一）徵收土地之範圍。

（二）補償金額。

（三）收買時期或租用之期限。

興辦事業人之主張違反本法或其他法令之規定者，徵收審查委員會得駁斥之。

第二十四條　徵收審查委員會置委員長一人，委員四人或六人，委員長由地方行政官署派二人，其他半數委員由地方行政官署所指定之工農商等法定團體派代表充之。

第二十五條　徵收審查委員會非有全體委員過半數以上之同意，不得表決。

第二十六條　徵收審查委員會於必要時得指定鑑定人員執行鑑定。

第二十七條　徵收審查委員會認為必要時，得命興辦事業人、土地所有人及關係人到會陳述意見，並得命鄰近土地之所有人到會陳述意見。

第二十八條　議定應作成議定書，並附理由，由委員長簽名。

第二十九條　徵收之土地跨連二個以上至地方行政區域者，徵收審查委員會由各關係地方行政官署聯合組織。

第三十條　土地所有人及關係人同土地徵收通常所受之損失，應由興辦事業人補償之。土地所有人已依不動產登記程式呈報其地價時，與辦事業人得照所呈地價給予補償。

第三十一條　土地除徵收者外尚有餘地，不能為後來之利用時，土地所有人得要求與辦事業人一併徵收之。

第三十二條　土地附著物應由興辦事業人給予遷移費，使於一定期限內遷移，但因一部分徵收之附著物需全部遷移時，其所有人得要求全部之遷移費。土地附著物若因遷移致不能為後來利用時，得要求全部徵收之。

第三十三條　土地內如有墳墓，應由墳主遷移，其貧苦者由與辦事業人酌量資助之。

第三十四條　依第七條之規定，與辦事業人除去障礙物時，其因此及於他人之損害，應補償之。

第三十五條　與辦事業人於地方行政官署為第十二條之公告後，廢止或變更其事業，致所有人及關係人受損失者，應補償之。

南京大方巷徵地事件

繼續談南京市政府的徵地事件。

隨著南京國民政府政權的日益穩固，也隨著南京市經濟的迅猛發展，南京的人口愈來愈多，住宅愈來愈稠密，到了一九三〇年，南京市政府決定規劃一個新住宅區，做為改善老城住宅情形的模範實例。新住宅區的位置選在中山北路三牌樓附近的大方巷，計畫徵地兩千畝，平整土地和通水通電之後，再分區賣出去，讓買家按照政府的規劃自行蓋屋。

一九三〇年七月四日，南京市政府在大方巷張貼公告，宣布徵收這一帶的土地，並且提出了補償標準：每平方公丈四元到十五元。被徵地的一方認為補償太低，去找土地徵收審查委員會，希望該機關「秉公裁決」。前面說過，這個委員會幾乎全由官僚組成，名義是仲裁機關，實則是政府自己弄出來的傳聲筒。果不其然，傳聲筒調整了補償標準，但不是往高的方向調，而是把補償定得更低了：土地徵收審查委員會「裁定」大方巷的地價只有三元到五元，遵循孫中山先生照價收買的宗旨，補償也應該是三元到五元。

八月十九日，南京市政府在報紙上刊登了徵地公告，並附上土地徵收審查委員會的「地價裁決書」，決定按照每平方公丈三元到五元的價格進行補償。被徵地的一方當然更不同意，請求法院仲裁，哪知法院和政府一個鼻孔出氣，拒絕受理此案。地主們不甘屈服，這些南京人近水樓臺先得月，去「中央」抗議非常容易，馬上前往內政部訴願。內政部出於穩定局面的考量，下令土地徵收審查委員會「釐清市價」，重定補償。結果該委員會把補償標準提高到十元到二十二元。這時候已經是九月了。

補償標準提高後，地主本來已經同意了徵地，但是南京市政府官僚作風嚴重，徵地效率極差，遲遲沒動工。到了一九三二年五月，市政府著手徵地，這時候地價又漲了很多，原定的補償標準再一次顯得太低。地主再次前往內政部請願，內政部也再一次下令土地徵收審查委員會「釐清市價」，土地徵收審查委員會拒不執行，徵地工作遂遭擱置。

到了一九三三年，市政府又一次提出徵地，大方巷的地主們又一次去內政部請願，內政部再一次下令土地徵收審查委員會裁定補償標準，土地徵收審查委員會決定按照每平方公丈十三元到二十五元的價格補償。要是按市場行情，大方巷一帶的土地每平方公丈早已漲到了五十元以上。

地主們覺得吃虧，南京市政府也覺得吃虧——假如地主們一開始就很配合，早在一九三〇年土地就已徵收完成，那時候地價還不是很高，即使真的照價收買也不用花很多錢。現在好了，地價漲得那麼厲害，補償一再調高，政府豈不成了冤大頭？

為了不再當冤大頭，市政府不再拖延，不再和地主玩持久戰，給了兩條路要地主自己選擇：一、乖乖搬走，然後按照每平方公丈十三元到二十五元的價格領取補償；二、不拆你的房，也不徵你的地，但是判令你的房子違反市政規劃、影響市容，強迫你重建家園，如果不肯重建，那就當成違章建築拆了；如果重建，就得向市政府繳納每平方公丈二十元的「新住宅區建設費」，以彌補政府幫你通水通電的成本。地主們選哪條路？當然是第一條。南京市政府成功完成了徵地。

從這起徵地事件能看出兩點：第一，國民黨建立的南京政府要比日本建立的汪偽政權和偽滿洲國文明得多，雖然同樣是低價徵地，畢竟不再動用刺刀殺人屠村，甚至還有了土地徵收審查委員會這樣的徵地審查機構。儘管該機構只是個空殼，但有總比沒有強，說明政府至少在形式上還是敬畏法理的；第二，人民面對低價徵地和強制拆遷，不能走法律途徑解決，也不能求助於議會，只能找更高層級的官員主持公道，說明南京政府決不是一個民主的政府。

我們還看得出來，更高層級的官員也沒有為人民主持公道，大方巷的地主們一遍又一遍去內政部請願，內政部一次又一次下令土地徵收審查委員會重新「釐清市價」，而土地徵收審查委員會陽奉陰違，始終沒裁定出一個合理的補償標準。在整個反覆博弈的過程中，內政部一直站在維持局面平穩的立場上，致力於讓地主不再請願，百姓不要鬧事，而不是讓整件事合乎正義。換句話說，你們在下面怎麼胡整都行，只要別亂了大局，別讓老百姓上街，別讓他們圍攻政府。高層官員用這種態度治國，底層官員自然也就敢於胡來，敢於一次次觸摸底線，敢於在徵地過程中要流氓了。

前面說的是首都南京的徵地情形，我們再看看西南大都會成都是怎樣徵地的。

一九三六年春天，為了建設一條從成都到重慶的便捷通道，南京國民政府的鐵道部成立了「成渝鐵路工程局」，準備修築「成渝鐵路」[15]。修這條路要經過簡陽、資中、內江、隆昌、永川等縣市，全長五百公里，需要徵用土地五萬五千畝[16]，其中大部分是耕地，小部分是沿線農民的住宅地基。成渝鐵路工程局制定的土地補償標準是這樣的：水田每畝補償二十元（法幣，下同），旱田每畝補償十元，剛開墾的半荒地每畝補償五元，住宅地基則按地段優劣估價後補償，每畝最高不能超過三十元[17]。有鑑於此時農作物已經接近成熟，還要給農民一些青苗補償，成渝鐵路工程局制定的青苗補償標準是：菸葉和甘蔗每畝補償十元，小麥和水稻每畝補償六元[18]。工程路線和補償標準確定以後，成渝鐵路工程局把整個工程委託給川黔鐵路公司，要求在一九三九年夏天之前完工。

民國初年的農業技術並不比一九五〇年代落後，農作物的產量甚至還高得多。在一九二〇年代，四川的軍閥混戰大體上都已結束，農民可以安心耕作，肥沃地區的小麥產量能達到兩石（一百六十公斤）。四川麥價是每石五元到八元，換句話說，種一季小麥的利潤是十元到十六元（扣除種植成本、收穫成本和各種租稅之後就很少了）。至於水稻，種植成本高，產量和售價也高，利潤比小麥可觀些。然而，成渝鐵路工程局不分水田或旱田，不分小麥還是水稻，每畝青苗只給六元，明顯不足以彌補農民的損失。

青苗補償不合理，土地補償也不合理。成渝鐵路工程局一畝水田補償二十元，一畝旱田補償十元，但此時沿線耕地的市場價格水準是什麼呢？截至一九三六年春天為止，簡陽地價最低二十五元一畝，最高一百七十元一畝；資陽地價最低十二元一畝，最高二百元一畝；資中地價最低四十元一畝，最高七十元一畝；內江地價最低四十元一畝，最高八十四元一畝[19]。很明顯，成渝鐵路工程局制定的土地補償標準比市價低了很多。

和一九二八年拓寬中山路時低價徵地的南京市政府一樣，成渝鐵路工程局也有自己一套理由——它確實是按照《土地法》上規定的「照價收買」政策，只不過依照的不是一九三六年的市場價，而是一九三二年到一九三六年這五年的平均市場價[20]。因為這五年當中大部分地區的土地價格都陸續上漲，平均市場價當然遠低於一九三六年的市場價，也就是說，成渝鐵路工程局等於是鑽了法律漏洞。

四川的老百姓並不像鐵道部想像的那麼容易對付，他們不讓鐵路工程局鑽漏洞，對後者制定的補償標準搖頭說不。另一方面，四川省政府同樣提出了抗議，要求鐵路工程局增加補償，不然不配合徵地。鐵道部妥協了，妥協的結果是：要求四川省政府成立「成渝鐵路徵地委員會」，並在各縣設立徵地辦事處，由四川官方而不是鐵道部的人來制定補償辦法和發放徵地款，但是徵地款的總額不能超過鐵道部規定的上限——二百萬元。

二百萬元徵地款，計畫徵收五萬五千畝地，平均每畝能分到三十六元補償，這個平均數字比成渝鐵路工程局原定的最高補償標準（住宅地基每畝最高補償三十元）還要高，但若和一九三六年的市場價相比，仍然明顯偏低。當時四川省的一把手是軍閥劉湘（大地主劉文彩的侄子），他本著「不讓人民吃虧」的原則，從省政府自行拿出二百多萬元，做為徵地的「協助款」發給失地農民。這樣一來，補償等於是提高了一倍，農民很高興。

劉湘這麼做是有原因的，一、成渝鐵路倘若修成，受益最大的就是四川，多花點錢給老百姓，減少一些徵地阻力，使鐵路早日完工，對他這個長期執政四川的軍閥來說很划算；二、他執政下的四川一直處於半獨立狀態，對蔣介石為首的南京國民政府向來陽奉陰違，四川其實是他劉湘的小王國，如果農民拿到的補償太低，失去人心的是他，不是蔣介石；三、他是四川人，不想讓老鄉吃虧，先逼鐵道部多掏錢，發現鐵道部掏不多，乾脆自掏腰包。總之，不管出於什麼原因或目的，劉湘都提高了成渝鐵路沿線土地的補償標準，對農民來說是件好事。

問題是，劉湘治下的四川官場和中國其他地方一樣腐敗，劉湘不可能親自丈量土地，不可能親手發錢給農民，鐵道部支付的二百萬徵地資金與四川省政府追加的二百多萬協助款，都要經過層層撥款，從部撥入省，從省撥入縣，等真正撥入各縣「徵地辦事處」帳戶裡時，已經被各級官僚截留了一輪。各縣徵地辦事處為了地方財政和私人腰包著想，少不了會想盡種種辦法貪汙徵地款，在被徵收的土地面積和等級上做手腳：本來是一畝的測量成八分；本是水田的登記成旱地。這樣一來，老百姓實際上能領到的補償自然變得很少。

失地農民拿不到應得的補償，組成請願團前往省府抗議[21]。由於抗議的效果並不明顯，就有人採取非法手段——挖毀剛剛鋪設完成的路基，偷走枕木和鐵軌賣錢。在農民的抗議和破壞下，再加上抗日戰爭的爆發，成渝鐵路在民國初年始終未能修成。

您知道的，清朝末年，四川人民曾經掀起轟轟烈烈的「保路運動」，抗議清廷把民辦鐵路收歸國有的強盜政策，那時候大家所保的鐵路就包括這條成渝鐵路。沒想到時序進入民國初年，由於政府徵地時做得不合理，保路運動反倒變成了「毀路運動」，真是情何以堪。

也許有的朋友會認為那些毀路的農民太小氣、太自私，就為了一點補償款，竟然阻止和破壞鐵路建設，是典型的不顧大局。我認同這個觀點，但覺得最自私、最不顧大局的不是農民，而是貪汙徵地款的官僚，歸根結柢是這些貪官在破壞鐵路建設。用孔老夫子的話說：「君子之德風，小人之德草，草上之風必偃。」官員天天刮著不正之風，還想呼籲草民忠於國家，天底下有這個道理嗎？

劉湘這個一把手在徵地事件中刮的風還是比較正的，但在老百姓無法實際掌握選票的民初四川，沒有哪個機構和群體能幫他監督官場，他老兄一個人得長多少隻眼睛才看得住底下的官員呢？在那個環境中，官員們貪汙徵地款是必然，不貪汙才是奇蹟。進而言之，低價徵地是必然，照價收買才是奇蹟。

全國的情形

跳出四川，放眼全國，低價徵地早已是普遍現象。據南京國民政府內政部統計結果，一九三六年上半年全國共徵收土地三百六十七宗，徵地總面積一百二十三萬三千一百八十七公畝（折合八萬多畝），經官方支付的補償款、青苗款和遷移費總計為五十三萬二千五百九十二元（法幣），平均一畝地才給六元，而且這是帳面顯示的資料，沒有考慮基層官吏的截留和貪汙。

同樣按照內政部的統計結果，早在一九三四年，全國已利用土地當中，最便宜的山林地平均市價已經高達八元以上，水田和旱地的平均市價則分別是三十七元和二十一元[22]。一般來說，被徵收的土地都是地段優良、地勢平坦、交通便利的地塊，價格應該比平均價格再高些，每畝地平均只給六元補償，肯定是遠遠低於市價的。

〈敘昆鐵路工程局收用土地摘要單〉

敘昆鉄路工程局收用土地摘要單

土地所有人姓名	
地段圖號	第　總段　第　分段　第　樁位　第　圖　第　號
坐落 里程	
坐落 地點	
收用地四至 東至	
收用地四至 南至	
收用地四至 西至	
收用地四至 北至	
收用地面積 公畝	公畝　公釐
收用地面積 舊畝	畝　分　釐
種類	
原有地積 公畝	公畝　公釐
原有地積 舊畝	畝　分　釐
原契號數	

住　縣　區　鄉　地方土名

左列土地因由　貴局依法收用一部分未能將原契呈繳除在原契內註明並另立移轉契約外恐後無憑特邀同鄉鎮保甲長立此摘單為証此上

敘昆鉄路工程局

立摘單人

保証人　鄉鎮保甲長

簽名蓋章

中華民國　年　月　日　字第　號

總.地.3.　45137

現今的中國大陸土地國有，農村土地禁止直接入市交易，所以並不存在市價。但政府一旦徵收了農村土地，往往就拿到一級市場上掛牌出讓，其成交價仍然可視為農村土地的市場價格。中國農業大學土地資源管理系的沈飛教授和朱道林教授曾經針對目前全中國三十五個地區的農地徵收和土地出讓進行調查分析，發現平均市場價（出讓價）是平均補償價的十七倍以上，也就是說，如果政府從農民手裡徵收一塊地，每畝付十萬元人民幣補償，那麼轉手賣給建商或開發商時，出讓價不會低於一百七十萬元。從我個人瞭解的情況來看，這個比例似乎還顯得過於保守，實際上政府賣地和徵地之間的差額更大、利潤更驚人。

由此可見，今日中國大陸的土地徵收和民國初年有著明顯的相似，兩者都沒有做到照價收買，政府徵收土地時付給農民的補償款和同一地段的市場價（或者出讓價）相差太遠，政府占了很大便宜，農民吃了很多虧。

昆明的拆遷

若徵地補償低於市價，拆遷補償也不可能合理。我們以昆明為例，看看民國初年的拆遷情形。

抗日戰爭爆發以後，昆明成了大後方，戰區的高等學校、機關與公私企業源源不斷地遷入，昆明城中人滿為患，房價、房租天天上漲（詳見〈西南聯大與昆明房市〉一節）。為了解決住宅短缺和市區壅塞的問題，雲南省政府規劃了一個新住宅區。這個住宅區位於金碧路西段，東到老城牆，西到環城路，南到雞鳴橋，北到大觀路[23]。規劃區以內本來住了幾百戶人家，省政府下令他們搬家，把房子拆了重建，以節省土地，安置更多居民。

雲南省政府的政策是這樣的：住宅地基按市價補償，房子則按種類補償，磚瓦房每平方公尺補償折合成法幣是〇．八元；牆體為土坯、屋頂用瓦的房子，每平方公尺補償〇．四元；牆體是土坯，屋頂用茅草的房子，每平方公尺補償〇．三元。您如果已經耐心讀完了第一章，想必還記得抗戰期間昆明的房租有多高——一九四一年，西南聯大的教師在校外租房子，每平方公尺月租平均為四．六七元（法幣）。朋友們，每一平方公尺的月租都在四元以上，政府付給屋主每平方公尺的補償竟然還不到一元，換句話說，房子被拆了以後，原屋主得到的拆遷補償只夠出去租幾天房子，這不開玩笑嗎?!

民國初年的拆遷補償和現今的拆遷補償，概念並不一樣。現今的拆遷補償包含了地價補償，民初的拆遷補償只相當於建築遷移費，地價補償則劃入徵地費用，另外計算。但無論如何，這建築遷移費也太低了，每平方公尺幾毛錢能幹什麼？最多雇人搬家具而已。再說房子也無法遷移，只能拆掉，把碎磚、爛瓦、破木料運走，而這些建築廢料都不值錢，拆遷戶若想重建家園，還得花錢購買另一批新建材，自行雇人蓋屋，這林林總總的建材費和雇工費找誰要去？只能自掏腰包。因為雲南省政府已經給了住宅地基補償和建築遷移費，所謂的拆遷補償全在裡面了，官員們對老百姓已經是「仁至義盡」。

現今在中國大陸，政府若想拆遷民宅，其基本原則是：不能讓屋主在拆遷之後的生活水準，低於拆遷之前。但其實還有一項更重要的原則政府沒有提，因為即使提了，地方官也做不到，那就是必須在被拆遷戶完全自願或法院判決該拆遷合法的情況下進行，絕對不能強行拆除。鑑於缺了一項原則，所以現今中國當局宣導的「文明拆遷」其實只是「半文明拆遷」。不過，「半文明拆遷」仍然比抗戰時期雲南省政府在昆明金碧路西段所進行的「不文明拆遷」來得進步，那時候連屋主的生活水準都保證不了，建築補償那麼少，只要一拆遷，生活水準肯定下降。

古代呢？古代時拆遷又是何情形？宋人筆記《清波雜誌》記載：「蔡京罷政，賜鄰地以為西園，毀民屋數百間。」意思就是說蔡京退休以後，皇帝賜給他一片住宅基地，讓他修建花園，他嫌地盤不夠大，又拆遷了幾百間民房。蔡京拆遷民房有沒有給人家補償呢？也許有，不過史書上說：「西園人民起離，淚下如雨。」可見即使給了補償，補償也很低，要不然待遷戶決不會「淚下如雨」。所以蔡京拆遷是強迫性的，不是出於待遷戶自願。

再舉個例子。唐德宗在位時，河南省安陽市有個市長叫李世哲，這人在安陽「多有非法，逼遷民宅，……細民訴詈之，則白刃相加」[24]。就是說，李世哲市長在轄區裡多次暴力拆遷，老百姓氣得罵他，他就派出打手砍人。後來有個叫高恭之的御史寫了一本奏章，對唐德宗說：這個李世哲太不是東西，引起極大民憤，應該查處。奏章到皇帝那兒，李世哲果然被查處了，可是「發其贓貨」而已，只把他貪汙所得充公，沒動他的烏紗帽。為什麼呢？因為李世哲他爹是當朝宰相李崇，唐德宗為了鞏固皇位，正處處仰仗李崇，不願因為查處李世哲而失去李崇的支持。

就算是皇帝親自主持的拆遷也未必能做到合理補償，拙著《千年房市：古人安心成家方案》敘述過宋太宗趙光義的一項「仁政」：他幾次想擴建宮城，一見建築藍圖就憋住了，說「內城偏隘，誠合開展，拆動居人，朕又不忍」。意思是說自己很仁愛，儘管內城很小，早該擴建了，卻一直不擴建，因為不忍心看著老百姓搬家。其實假如補償夠多，拆遷戶高興還來不及，根本犯不著輪到宋太宗「不忍」。

在專制時代的統治者看來，普天之下，莫非王土，率土之濱，莫非王臣。徵用你一塊地，拆你幾間房子，那叫「恩典」。再說嘛，地是你們小民的嗎？那是「王」的，連你們小民都屬於「王」，你不讓「王」徵地，就是有不臣之心，什麼低價徵地，什麼野蠻拆遷，都是不臣之言。

民國初年算不算專制時代？我覺得算，因為那時的參議會和國民大會往往淪為執政者的應聲蟲，至少得算半專制時代，自然也就承繼了專制時代的「光榮傳統」。

繼續說「光榮傳統」。

雍正年間，廣東省某府某縣，有一戶姓梁的人家和一戶姓凌的人家比鄰而居。梁家人少，院子大；凌家人多，院子小。凌家人和梁家人商量：「你們能不能搬走，把地基騰給我們蓋房啊？」梁家人當即拒絕。凌家人說：「又不是要你們白搬，我們會給錢的。」梁家人搖頭：「這院子是我們祖祖輩輩一直住的，給多少錢也不搬。」凌家人惱了：「你們不搬，有辦法讓你們搬！」

雍正九年農曆九月初三深夜，梁家人睡得正沉，一把火從前院燒了起來，等到他們被大梁劈劈啪啪的燃燒聲驚醒時，大火已經躥到了房頂上。四鄰和地保拎著水桶來救也無濟於事，梁家八口人沒一個逃生，全被活活燒死了。

誰放的火呢？凌家。原來凌家人一貫作惡，在鄉里間霸道慣了，見梁家不願搬遷，就想放把火嚇唬嚇唬他們，把梁家人嚇走。哪知這把火放得太猛，燒死了人家滿門。案子破了之後，凌家自然逃不脫法律的懲罰，該殺的殺，該關的關[25]。

以今人的眼光看，滅門的凌家就像是建商、開發商，遭滅門的梁家就像是釘子戶，建商要釘子戶搬，釘子戶不搬，建商就去釘子戶家裡放把火，這種事並不新鮮。只是凌家人沒經驗，本來想把人嚇走，結果卻滅人滿門。我覺得他們應該向現在的建商學習，放火逼遷的時候帶上幾支滅火器，適當控制一下火勢，別把人燒死，至少別一下子燒死那麼多人。十幾年前上海那宗轟動全中國的放火逼遷案只燒死了兩個人，就顯得比較人性化。

不過凌家人也許會反駁：光放火不死人，還能把人嚇走嗎？

這個擔心是有必要的。遙想當年，上海公共租界工部局對平涼路、榆林路、昆明路、西湖路、舟山路、龍江路等地段的貧民窟展開大規模拆遷行動，遭到釘子戶抵制，工部局派人到昆明路貧民窟放火逼遷，試圖殺隻小雞給猴看，哪知火苗子剛竄起來就被撲滅了，釘子戶登高一呼，窮苦群眾應者雲集，兩千多人把放火者圍了起來。工部局加派人手前去爭援，隨即遇到更大的麻煩，公共租界貧民窟的住戶幾乎都走出家門上街抗議。次日《申報》登載了這一事件，說婦女用馬桶堆成圍牆，小孩扛著掃帚，男人拿著鐵鎬，成功保住了自家僅有的草棚、木屋、鉛皮房……[26]

試問，公共租界的拆遷工作為什麼無法順利進行？從拆遷方的角度看，一是釘子戶太多了，二是拆遷主事者不夠狠，放的火太小。不過工部局只在小小的租界裡說了算，不敢真的放火燒死很多人，不然很容易陷入國際輿論和人民戰爭的汪洋大海。

只有國民黨政府敢於放大火。由於貧民窟「妨礙公共衛生」、「妨礙公共安全」、「窩藏盜賊歹徒」，國民黨市政當局打算把上海閘北區長安路一帶的貧民窟全數拆除，在警告多次而釘子戶仍不搬遷的情況下，一九二八年三月七日夜裡，公然命令員警縱火燒屋，燒毀草棚一千多間，死傷居民幾十人，老百姓敢怒不敢言，官員們順順當當把那兒的貧民窟給拆了個精光[27]。

您知道，敢於燒死釘子戶的猛火並不是誰都能放的，像雍正年間凌家那樣的個體拆遷者放了肯定倒楣，後臺不硬的建商放了也會倒楣，有資格放這種火而且放火後好像什麼事都沒有發生的，只有武器在手勇於鎮壓、不怕民變、無懼輿論的官僚，或者有官僚做後盾的特權開發商。

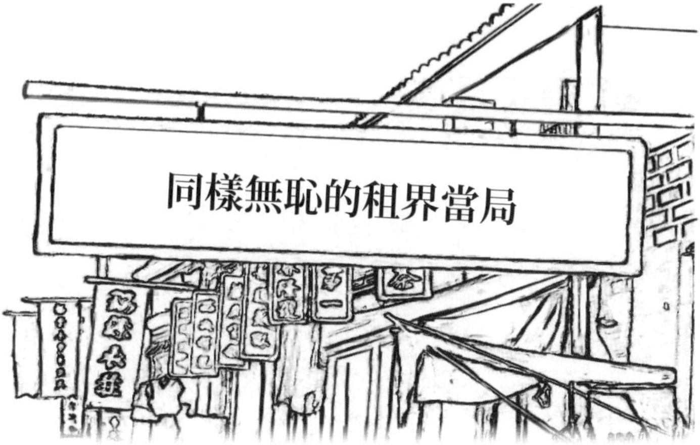

同樣無恥的租界當局

國民黨政府放火燒死釘子戶的行徑既野蠻又無恥，租界當局的無恥程度有時候也不亞於國民黨政府。下面說說租界當局曾經插手的一宗強拆事件。

話說民初有個叫鄭伯昭的人，他是孫中山先生的老鄉，靠著幫英、美兩國的菸草公司做推銷起家，後來自己成立公司、開設菸廠，迅速攢下億萬資產。發財之後，鄭伯昭開始多角化經營，既做菸草生意，又從事房地產開發。這種經營之道在舊上海商界毫不稀奇，第一章曾經提到，早在滿清時期，天地會反清復明，占領上海華界，建立「大明國」，把上海富人嚇得逃進租界，使得租界的房地產市場一夜間火了起來，當時就有大批鴉片販子做起開發商。商人嘛，圖的就是賺錢，只要房產開發的利潤超過菸草和鴉片的利潤，傻子才繼續賣鴉片。

鄭伯昭把賣菸賺的錢投入上海公共租界附近的四川北路，開發了一個名叫「宜樂里」的社區，然後把房子出租（蓋了房子只租不賣是民國初年建商的一大特色）。且說鄭伯昭收了一段時間的房租後，發覺自己開發的社區不夠科學——房子都蓋成了石庫門樣式，每幢都是兩、三層樓帶小院子，臨街也沒有開發商鋪，和高層公寓比起來，太浪費土地了。他想把房客攆出去，拆了重建，臨街部分則用高價賣給迫切需要擴展地盤的公共租界工部局。

在宜樂里租屋的房客大多簽了長期合約，租期沒到房東就攆人，這是毀約，得給大夥一些安置費或搬家費，多交的租金也得退還才行。鄭伯昭是鐵公雞，不但沒給房客補償，也不退租金。房客當然不同意，拒絕撤離，三兩下就槓上了。房客們人多，鄭伯昭錢多，他買通在上海駐軍的軍閥何豐林，又向公共租界工部局行賄，領了拆遷許可證，帶上人馬就跑去宜樂里拆房。房客集體阻攔，和拆房工人打了起來，租界當局趁機派出巡捕，荷槍實彈驅趕房客。房客再次反抗，巡捕悍然開槍，結果一個房客被打穿了腦袋，另一個房客被打成殘廢，其餘房客被迫搬走。

這次強拆事件中，租界當局表現得很無恥。無恥之一，宜樂里位於華界，輪不到工部局管，它卻越權派出巡捕。無恥之二，為了逼房客搬遷，竟然開槍殺人，完全不顧人性和法律。無恥之三，殺人之後又動用宣傳機器《字林西報》誣衊釘子戶，說他們的反抗是「暴動」，是被「無知煽惑者之不負責任的宣傳運動所造成」。最最無恥的是，堂堂工部局還採用黑社會手段，派四、五個人把「宜樂里房客聯合會」會長、滬北公學校長馮明權先騙出校門，然後綁架到巡捕房，最後又在報紙上造謠，說該會長其實是個詐騙犯，大家不要上他的當。

本來呢，租界當局是以文明和民主自居的，但竟然也暴力逼遷，也造謠誣衊，也用黑社會手段，說明無恥不分種族和國籍。我有個不一定正確的結論：只要法律無法真正實施，人權不被真正重視，任何地區的任何機構都敢於無恥。

順便說一下，現在很有名的「上海群眾影劇院」就是鄭伯昭拆掉宜樂里社區後蓋的（當年叫「廣東大戲院」）。我沒進去過，不知道有沒有留下強拆遺址。不過強拆這種事留不留遺址都無所謂，在這片神奇的土地上，天天都有人製造強拆遺址。

拆到了死人頭上

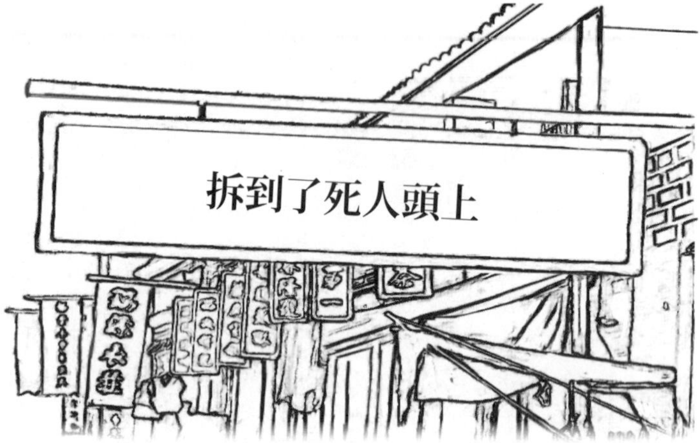

上海的拆遷如火如荼，天津的拆遷同樣「有序進行」。

早先沒有租界時，天津非常冷清，一進入民國，前清遺老到天津置產，下野軍閥去天津避難，德國人、法國人、日本人也蜂擁而至，讓天津迅速繁榮起來，地價也跟著迅速飆升。從光緒十二年到民國十五年，短短四十年間，天津的地價竟然上漲了幾百倍[28]。

地價飆升，房價自然跟著飆升，中國的購屋人又總是買漲不買跌，價格愈高，房地產愈火爆。民國十五年前後，天津城內原有的空地上都蓋滿了樓房，過去的平房也很快地被拆掉重建。前清遺老和一些實業派人士眼見有利可圖，紛紛涉足房地產開發，一時間建築材料供不應求，自行蓋屋的家庭若想買磚，必須提前一年預約才買得到。當時有一首〈竹枝詞〉唱道：

租界街基價倍騰，房金移轉即加增。
更多闊佬營三窟，土木工程日日興。

說的就是民國初年天津房地產市場的異常繁榮景象。

天津城內和近郊的空地開發得差不多之後，有些開發商打起了義地的主意。所謂「義地」，就是具有慈善性質的公共墓地，裡面埋葬的都是些無人認領的死屍。

按照常理，開發義地得先開挖墳墓，把棺材抬出來，運到遠郊安葬，用現在的話說就是「異地安置」。可是為了節省成本和加快進度，開發商直接剷平墳頭，瞧見哪座棺材露出地面就抬出來劈開，把死屍燒了，棺材當柴薪賣。當時《民風報》刊登的記者評論中有這麼幾句很有意思的話：

義地變賣，舊棺遷徙，經理其事者傷天害理，將未盡腐爛之屍截開，……碎棺賣做柴，住戶購柴時須仔細辨認[29]。

記者罵拆遷者「傷天害理」，其實有點過了，因為人家拆遷的不是活人，活人有欲望，會反抗，很容易和拆遷者產生衝突，個別情緒激動的傢伙還會鬧自焚，會給官員和打手們造成很大壓力。拆遷墳地則不然，不用宣傳，不用勸導，不用斷水、斷電、斷交通，不用雇黑社會上門打人，甚至連補償款都不用付，被拆遷者根本沒意見，完全配合，這期間沒有釘子戶，沒有抗議，拆遷工作有序進行，眾多死者情緒穩定。

並非所有釘子戶都吃虧

死人做不了釘子戶，活人可以做。前面講的釘子戶都是由於徵地補償或拆遷補償不合理而被逼上梁山，但也有些釘子戶非法取利。

抗戰初期，國民黨政府為了戰備需要，修築敘昆鐵路和滇緬鐵路，昆明火車站附近的土地本來分屬很多農民所有，忽然被幾個有後臺的投機者（包括官員）高價購買。等到政府要徵收時，這些投機者搖身一變全成了釘子戶，拒不簽字，直到他們把自己購買的土地「變成」千金難買的優質區段，拿到遠遠超過市價的超額補償為止。一九三七年十一月，雲南省政府在昆明聚奎樓以西開闢商業區，消息還沒傳出，「內部人士」已經獲悉，「一般權貴者即大量收買，迨省政府徵收建築之時，遂數倍買價而沽。」[30]賺了個滿盆滿缽。

也就是說，同樣的土地和房屋，因為屋主身分的不同，所得的徵地補償和拆遷補償有可能天差地遠。如果屋主只是無權無勢也沒有談判能力的平民百姓，官方就可以蠻不講理，用低於市價的補償獲取優質土地；如果屋主是官僚或官僚的親戚，那就得老老實實的「照價收買」，甚至可能還得給比市價高出許多的補償（反正都是「公家」的錢）。當然，有時也會遇到這種情況：平民百姓團結起來和官府對抗，不爭取到高額補償決不甘休，但是這樣做的風險畢竟太大，碰上「有魄力」的官員，搞不好會雞飛蛋打，像一九二八年三月上海閘北貧民窟拆遷事件中的釘子戶那樣，被員警縱火燒個乾淨。

中國大陸如今的政策是「同命不同價」：同樣撞死一個人，賠償有天壤之別，撞死外國人比撞死中國人賠得多，撞死城裡人比撞死農村人賠得多。民初的政策則是「同拆不同價」，同樣拆遷一幢房子，因為屋主身分不同，所付的補償也有很大區別，要嘛低得不合理，要嘛高得不合理。無論是哪種不合理，對官員自身的利益都有益無損（低補償能替政府省錢，高補償能讓自己或自己的親戚多賺錢），吃虧的永遠是老百姓（低補償使被拆遷一方財產縮水，高補償最終則是由用地單位或購屋人買單）。補償太低固然不對，太高了也於人民不利，理想的狀態還是「照價收買」。只不過這話說說容易，實現起來太難，因為人民沒辦法監督權力，我偏不照價收買，你能奈我何？

第三章

從魯迅買屋看民初房市

「我們多年聚族而居的老屋，已經共同賣給別姓了，交屋的期限只在本年，所以必須趕在正月初一以前，永別了熟識的老屋，而且遠離了熟識的故鄉，搬家到我在謀食的異地去。」這段曾經收入中國大陸中學課本的文句出自魯迅的《故鄉》，「聚族而居的老屋」是魯迅祖上在紹興老城置產的宅子，那宅子極大，有四、五進，住了魯迅的曾祖母、祖母、祖父、母親、伯父、叔父、兄弟、堂兄弟等一大家子人，而且還有閒房可以租給外姓人居住。宅子後面有一花園，也就是魯迅在〈從百草園到三味書屋〉裡提到的那座「百草園」。

大約在一九一八年或一九一九年，魯迅的家人和族人把這所老宅賣掉了，同時魯迅的二弟周作人準備把他的日籍妻子羽太信子接到中國定居，為了讓母親和兄弟有個安身之所，魯迅趕緊著手在北京買房。那時候他正在北京上班，《故鄉》裡所謂「搬家到我在謀食的異地去」，意思就是想把家人接到北京去住，從此告別紹興老家。

魯迅在北京原本沒有房子。他是一九〇九年從日本回國後開始工作的，最初在浙江師範學堂教化學，後來當了紹興師範學校校長。辛亥革命成功後，南京臨時政府成立，蔡元培任教育總長，魯迅受聘前往南京，擔任教育部社會教育司第一科科長。再後來南北和議達成，政府北遷，魯迅跟著前往北京，並在此後長達十幾年的時間裡一直擔任教育部僉事，級別近似現在的處長。

在民國初年做官，住房福利並不好，既享受不到免費的公家宿舍，也享受不到便宜的內部認購，以至於大多數官員不得不像宋朝的官員一樣，長期租屋居住[1]。魯迅和幾位紹興同鄉兼教育部同事，原本一直租住在北京宣武門外南半截胡同的紹興會館裡，直到一九一九年才買下第一間房子。那時的魯迅已年近不惑，工作差不多十年了。

謹慎買屋的魯迅

我們來看看魯迅是怎麼買房子的：

（一九一九年一月）十一日晴，午後同齊壽山[2]往報子街看屋，已售。

（一九一九年一月）十三日晴，午後同齊壽山往鐵匠胡同看屋，不合用。

（一九一九年一月）二十四日晴，午後看屋。

（一九一九年二月）二十七日晴，上午往林魯生家，同去看屋二處。

（一九一九年三月）一日晴，午後同林魯生看屋數處。

（一九一九年三月）八日陰，午後邀張協和看屋。

（一九一九年三月）十一日晴，午後同林魯

生看屋。

（一九一九年三月）十二日晴，午後看屋。

（一九一九年三月）十四日晴，午後看屋，下午復出，且邀協和俱。

（一九一九年三月）十九日晴，午同朱孝荃、張協和至廣寧伯街看屋。

（一九一九年四月）十三日晴，星期休息，下午劉半農來，洙鄰兄來，頃之同往鮑家街看屋。

（一九一九年四月）二十九日晴，下午與徐吉軒至蔣街口看屋。

（一九一九年五月）三日晴，同徐吉軒往護國寺一帶看屋。

（一九一九年七月）十日小雨，午後晴，約徐吉軒往八道灣看屋。

（一九一九年七月）十五日晴，午後往八道灣量屋作圖[3]。

（一九一九年七月）二十三日晴，午後擬買八道灣羅姓屋，同原主赴員警總廳報告。

（一九一九年七月）二十六日雨，為二弟及眷屬租定間壁王氏房四大間[4]，付泉[5]卅三元。

（一九一九年八月）二日晴，午後往西直門內橫橋巡警分駐所問屋事。

（一九一九年八月）十八日晴，午後往市政公所驗契[6]。

（一九一九年八月）十九日晴，上午往浙江興業銀行取泉，買羅氏屋成，晚在廣和居收契並先付見泉一千七百五十元，又中保泉一百七十五元[7]。

（一九一九年九月）三日晴，下午得三弟信並匯券千[8]。

（一九一九年九月）六日晴，午後二弟領得買屋憑單來。

（一九一九年九月）十八日晴，午後同齊壽山、徐吉軒及張木匠往八道灣看屋工。

（一九一九年九月）十九日晴，夜得三弟信並泉六百[9]。

（一九一九年十月）五日晴，星期休息，午後往徐吉軒寓招之同往八道灣，收房九間，交泉四百。

（一九一九年十月）六日陰，午後往員警廳報修理房屋事[10]。

（一九一九年十月）十日晴，休假，上午往八道灣視修理房屋。

（一九一九年十月）十一日陰，午後往洪橋員警分駐所驗契。

（一九一九年十月）十六日晴，下午往八道灣宅。

（一九一九年十月）十七日晴，下午付木工見泉五十。

（一九一九年十月）十九日晴，星期休息，上午同重君、二弟、二弟婦及豐、謐、蒙乘馬車同遊農事試驗場，至下午歸，並順道視八道灣宅。

（一九一九年十月）二十三日晴，下午往八道灣宅。

（一九一九年十月）二十七日晴，付木工見泉五十，下午往自來水西分局並視八道灣宅。

（一九一九年十月）二十九日晴，晨至自來水西局約人同往八道灣量地。

（一九一九年十一月）一日晴，下午往八道灣宅。

（一九一九年十一月）四日晴，下午同徐吉軒往八道灣會羅姓並中人等，交與泉一千三百五十，收房屋訖。

（一九一九年十一月）七日陰，風，午晴，下午往八道灣宅。

（一九一九年十一月）八日晴，下午付木工泉五十。

（一九一九年十一月）十日陰，午後往八道灣。

（一九一九年十一月）十二日陰，上午往八道灣。

（一九一九年十一月）十三日晴，上午托齊壽山假他人泉五百，息一分三釐，期三月[11]。在八道灣宅置水道，付工值銀八十元一角。水管經陳姓宅，被索去假道之費三十元，又居間者索去五元。

（一九一九年十一月）十四日晴，午後往八道灣宅，置水道已成，付木工泉五十。

（一九一九年十一月）十六日陰，星期休息，下午許詩藎來並致銘伯先生及季市所送遷居賀泉共廿，夜收拾什物在會館者訖。

（一九一九年十一月）二十一日晴，上午與二弟眷屬俱移入八道灣宅。

（一九一九年十一月）二十六日陰，上書請歸省[12]，付木工泉五十。

（一九一九年十一月）二十九日晴，午後付木工泉百七十五，波黎泉四十，凡修繕房屋之事略備具。

（一九二〇年一月）六日陰，午後往本司胡同稅務處稅房契，計見泉百八十[13]。

以上內容都是從《魯迅日記》中整理出來的，可以看出魯迅買房子相當謹慎：從一九一九年一月到七月，他先後在報子街、鐵匠胡同、寧伯街、鮑家街、蔣街口、護國寺、八道灣等處看房，花了大半年，才選定西直門內八道灣胡同的四合院。為了規避風險，他又去警察廳、巡警分所、市政公所等相關部門，調查待購房屋有沒有產權糾紛，還把房子圖樣畫給兩個弟弟看，徵詢他們的意見，直到當年八月才決定掏錢購買。由此可見，買房子不是買菜，無論民初的魯迅還是今天的我們，買屋時都應掂量再三。

北京四合院內景，Sidney David Gamble 攝於一九一九年。

混亂的民初房市

魯迅買房子之所以如此謹慎，除了和他的個性有關（熟悉魯迅生平的朋友都知道，魯迅無論在北京定居，還是後來在上海定居，一有風吹草動，就趕緊遷居安全地帶，以免落到軍閥和國民黨特務手裡），也與民初房地產市場的混亂有關。

說起民初房地產市場之混亂，主要是產權的不夠透明。

第一，民初仍有很多地方保留了帝制時代延續近二千年的「賣房先問親鄰」陋俗[14]——屋主賣房之前，必須先徵詢族人和四鄰的意見，必須滿足他們的優先購買權，不然他們很有可能在房屋成交之後鬧事。民國初年的購屋合約上往往會寫明售屋者的承諾：「倘有親族人等爭論，俱有賣方與中人一面承管，與買方無關。」正因如

一九一九年的北京街頭，Sidney David Gamble 攝。

此，魯迅一九一九年七月看中房屋，卻延遲了整整一個月才繳納定金，其中一個重要原因就是讓賣家在這段時間內預先解決將來可能出現的親鄰糾紛。

第二，民國初年的北京還沒出現規範的房產證，只有此前的房契（時稱「上手契」）做為產權憑證，而一間房子是否已經出售、是否曾經抵押、是否存在債務，從賣家出示的「上手契」是看不出來的。因此魯迅必須花時間多方打探，才能確定要購買的房子有沒有風險。

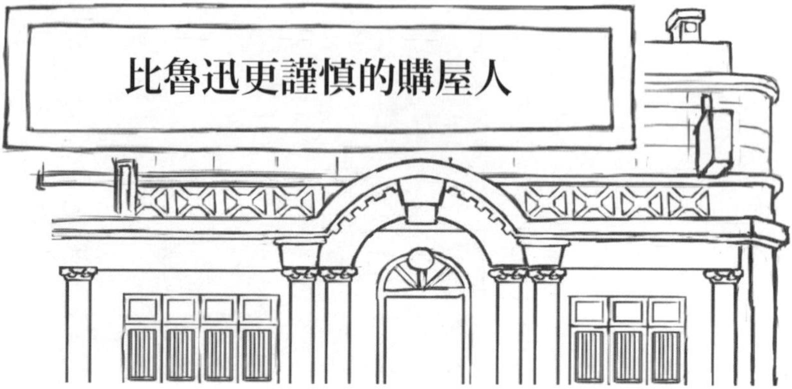

比魯迅更謹慎的購屋人

在民國初年，比魯迅更謹慎的購屋者大有人在，他們唯恐僅靠賣方承諾和多方打探解決不了購屋風險，會花錢在報紙上持續刊登「置產徵詢」（又名「置產啟事」、「進產聲明」、「買房告白」），試圖透過廣而告之的方式引蛇出洞，把所有與賣家有糾葛的人統統引出來，讓他們先找賣家鬧一鬧，直到沒人鬧了再買。

這樣的廣而告之在民初報紙上俯拾皆是，容我摘抄幾份：

「憑中買受鏡光映相鋪堂，係屈傑臣等用張振興堂、合昌堂自置鋪兩間，座落惠愛路七約三二八號、三三零號，經向官廳領有執照，相連三丈五尺餘，南由馬路邊至園尾，自建園牆外止，深十三丈，坐北向南，丈尺均照契據並官廳執

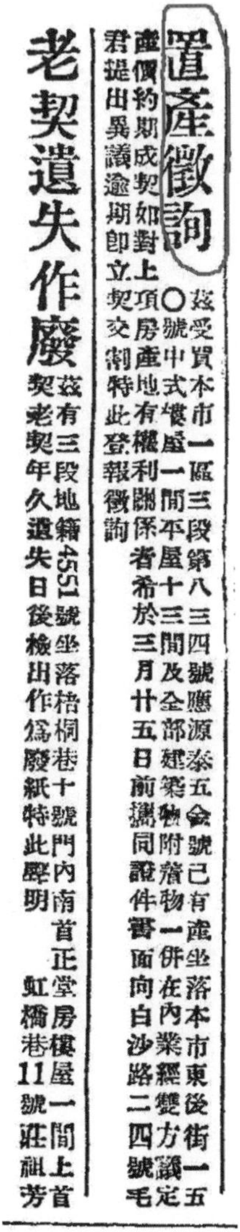

置產徵詢

茲受買本市一區三段第八三四號應源泰五金號已有產坐落本市東後街一五〇號中式樓屋一間平屋十三間及全部建築物附屬物一併在內業經雙方議定產價約期成契如對上項房產地有權利關係者希於三月廿五日前攜同證件書面向白沙路二四號毛君提出異議逾期即立契交割特此登報徵詢

老契遺失作廢

茲有三段地籍4551號坐落梧桐巷十號門內南首正堂房樓屋一間上首契老契年久遺失日後檢出作爲廢紙特此聲明

虹橋巷11號汪祖芳

民初報紙上的「置產徵詢」

遺失身份證聲明

茲遺失天然鄉第四保六甲七戶天然字第二八一號國民身份證一紙除向補領外特此登報聲明作廢

袁英才啓

遺失身份證聲明

茲遺失豐樂鄉第廿五保一甲九戶豐樂字第二二〇八號國民身份證一紙除向補領外特此登報聲明作廢

徐阿毛啓

進產聲明

今憑中價買陳霖泉君陳炳泉君所有房屋一則坐落（舊王家墩地方）城內紫金巷十四號門內計全部樓平屋及一切裝置基地一塊在內今已洽價付定如有人對上述房屋有權利關係以及其他糾葛者限五天內攜帶證件來舊石街四二號陳君提出異議逾限不加表示作爲放棄論嗣後成契交價概與受業人無涉

警告逃妻謝瑞娣

汝於民國三十年十一月間私自出走迄今未返今特登報警告限汝一月內來家完聚否則視爲夫妻關係斷絕男婚女嫁各不相涉

鄞縣新建鄉第九保李友榮啓

民初報紙上的「進產聲明」

照。上蓋連地、四圍牆壁、花園、磚瓦木石、上下樓板、間格門窗、自來水、電燈、盆花樹木、石山、涼亭、水井、廚房、廁所俱全，早經立貼交定，准期交易，如有來歷不明，先典先按，會帳貨項及華洋糾葛等情，即與賣主理明，一經交易，概與本行無涉，特此聲明。基立堂啟。」

——《廣州民國日報》一九二三年八月二日第七版

「本堂買受馮永厚堂稅鋪全間，座落清遠縣洪聖街二一二號門牌，深闊丈尺照上手契據。上蓋連地、磚瓦木石俱全，經交定立約，定於陽春五月交易，如有華洋糾葛等情，祈於交易前向賣主理妥，概與本堂無涉。懷慎堂啟。」

——《廣州民國日報》一九二六年五月十一日第四版

「茲憑中買受宓麟君，座落杭州一都一圖二五七四號，宅地七分四釐五毫，土名百歲坊巷，門牌十八號，全院建築物及附著物一切在內。如對上項產權有異議者，請於三日內持證件到會館河下十一號聲明，否則逾期成契，任何人不得再有主張。此啟，文希福。」

——《正報》一九四八年十二月七日第一版

以上啟事的用意都相同，聲明要買某人某地的房子，凡是該處房產的族人、四鄰、債權人，都要盡快找賣家算清帳目，不然等房子成交以後，你們再想找後帳的話，我這個買家可是會翻臉的。

不過，也不是所有買房子的人都會登廣告，畢竟報紙不是電線桿，無法免費張貼，刊登「置產徵詢」得花上一筆不菲的廣告費。所以民初報紙上刊登的這類聲明廣告都是針對大額交易，要嘛是一次買了很多間房子，要嘛是待購的房子非常值錢，值得花錢登一回廣告。魯迅買的四合院市價不過幾千塊大洋，所以他只打聽，沒登報。事實上，他買房子的時候手頭很緊，想登報也登不起。

民國初年就能分期和抵押

魯迅買屋時手頭積蓄很少，無法一次付清房款，只能分期付款。

前面我們引摘的《魯迅日記》寫得很清楚：

一九一九年八月十九日，魯迅付給賣主一千七百五十塊大洋，算是首付款，拿到了「上手契」，還沒有正式簽訂合約。

一九一九年十月五日，又付給賣主四百塊大洋。

一九一九年十一月四日，又付給賣主一千三百五十塊大洋，這時餘款付清，雙方正式簽訂合約。

也就是說，房款總共是三千五百塊大洋，魯迅在三個月內分三次付清，說明在民初買房子是可以分期付款的。

當時的分期付款是直接和賣方打交道，好處

是沒有利息（或利息很低），壞處是期限太短，不像現在是抵押給銀行，由銀行先把剩餘房款一次付給賣方，買家再向銀行償還本息，償還期限可以延長到十年、十五年、二十年，甚至三十年。

其實民國初年同樣有這種抵押的做法，只是僅限於上海、杭州等少數幾個城市。魯迅是在北京買屋，當時北京的商品經濟非常落後，還沒有可以辦理抵押的銀行，所以他只能分期，無法抵押。

魯迅在北京八道灣買房之後的第八年，名醫陳存仁在上海老城購買了一幢兩層樓的屋子，就採用了抵押的方式。當時賣家要價二萬五千塊大洋，陳存仁只有五千塊大洋，買不起，於是先和賣家簽妥房契，打好欠條，再把房契抵押給銀行，由銀行代付房款，然後再慢慢向銀行還本付息。有記者評論說：「上海房地產與內地完全不同：內地業主必先有餘財，方能置產，遺之子孫，世守其業；上海則完全營業性質，以三、四成之墊本，即可購置產業。」[15]說明陳存仁的置產方式只可能發生在上海，在北京就不行了。

魯迅在教育部當官時，一度在北大任教，當時有個叫許欽文的學生旁聽過魯迅的課，後來許欽文在杭州買地蓋屋，土地和蓋屋的款項都是透過抵押來解決[16]。可見杭州的某些銀行也可以申請抵押。

貸款利息特別高

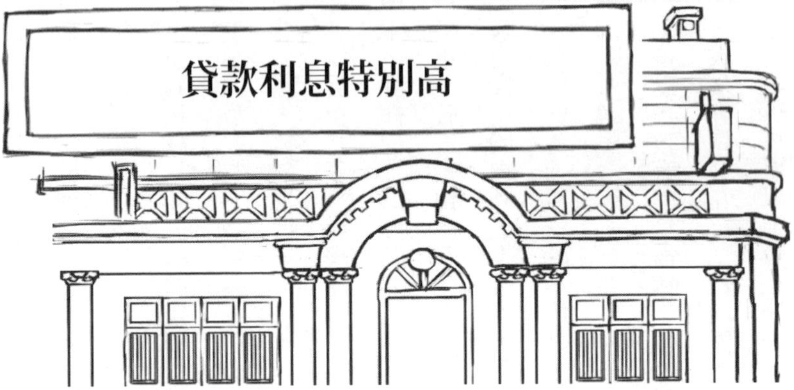

現在我們來看看魯迅買房子的成本。

透過前面摘錄的《魯迅日記》可以統計出來，魯迅付給賣方三千五百塊大洋，付給仲介一百七十五塊大洋，裝修時花了四百二十五塊大洋[17]，安裝自來水又花了一百一十五・一塊大洋[18]，最後繳納契稅又花了一百八十塊大洋。買家具的錢和搬家費不計，總共要花四三九五・一塊大洋。

魯迅如何籌到這麼多錢呢？一大半靠薪水、稿費和老家的支持，一小半則靠貸款。日記裡說，紹興老家分兩次寄來了祖宅售房款一千六百塊大洋，然後魯迅又透過朋友辦了一筆短期貸款：「泉五百，息一分三釐，期三月。」也就是貸款五百塊大洋，為期三個月，月息一・三%。

月息一・三%，年息就是一五・六%，可比現在的房貸利息高得多。現在去銀行申請購屋抵押貸款，哪怕期限長達三十年，利息也沒這麼高，何況魯迅才貸款短短三個月。

不過，銀行並不是只向魯迅一個人收取這麼高的利息，整個民國初年的金融市場上，貸款利息一直居高不下。舉個實例：民國十四年，廣東江門永豐米店用商鋪作抵押，從一家銀號貸款四千七百八十七塊（毫洋），「為期六個月，月息一分二釐行算。」[19]短短六個月的抵押貸款，月息高達一．二％，折合年息一四．四％，利息之高，和魯迅買房時辦理的那筆貸款幾乎不相上下。另據南京國民政府司法部調查，中原地區民間借貸，一年期以內的貸款，月息一般在一．五％左右，如果逾期無法清還，月息還會自動漲到三％，折合年息三六％[20]！無怪經濟學家吳承禧感歎：「中國銀行界放款利息之高，真非世界各國之所能及。」[21]

民國初年的利息高，主要是因為金融行業發展太落後，管理成本太高，如果不向借款人收取足夠高的利息，就難以保證盈利。古代中國由於金融行業比民初更落後，貸款利息更是高得嚇人。譬如唐太宗貞觀十五年，政府向民間放貸，月息高達四％[22]。唐玄宗開元十六年，民間放貸月息一度高達五％[23]。魯迅真應該慶幸自己沒有生在唐朝，不然就得為那筆五百塊大洋的貸款多付兩倍多的利息。活在現代的我們則要慶幸自己沒有生在民國初年，不然每個月都要多還很多房貸。

曾經很便宜的北京四合院

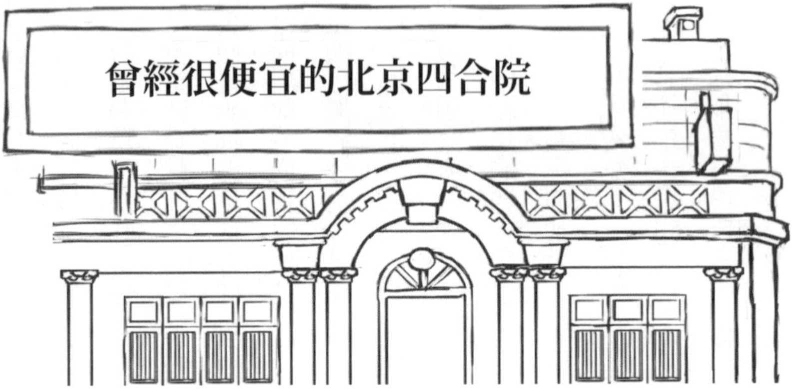

魯迅應該羨慕我們，因為現今的貸款利息比他那個時代低一些；但我們更應該羨慕魯迅，因為他那時的房子比現在便宜多了。

前面說過，魯迅購買北京西直門內八道灣那座四合院，房款是三千五百塊大洋。三千五百塊大洋是多少錢呢？據調查，魯迅買房那年是一九一九年，北京市面上的麵粉平均零售價是每石五塊大洋左右[24]。「石」本是容量單位，當時規定一石為一百公升，這樣一石能裝麵粉八十公斤，但商人們缺斤短兩由來已久，每石麵粉最多只到七十五公斤，通常重量在六十五公斤到七十五公斤之間，我們取中間值，假設一石麵粉的重量是七十公斤。七十公斤麵粉在一九一九年賣五塊大洋，在今天要賣二千二百九十一元以上，所以不嚴格地說，一九一九年一塊大洋在北京市場上的購買力大約相當於現在的新臺幣四百五十八元[25]，三千五百塊大洋也就相當於一百六十萬零三千元。

魯迅購買的八道灣四合院面積很大，前後三進，有正房、廂房、耳房、花園，還有一個小跨院，房間數將近三十間。當魯迅帶著摯友、同事兼老鄉許壽裳去看這座四合院的時候，許壽裳評價：「不但房間多，而且空地極大。」魯迅答：「我取其空地很寬大，宜於兒童的遊玩。」許壽裳說：「誠然，簡直可以開運動會！」[26]說明院子確實不小。而這麼大的四合院，竟然只要一百六十幾萬就買得到，說明當時房價確實很低。

一九一五年，也就是魯迅買房之前的民國四年，市面上還有更便宜的四合院。阜成門內王府倉胡同有一處四合院，北房三間，南房三間，東西廂房各四間，連帶西邊耳房一間，總共十五間房，賣價只有一百五十塊大洋[27]。如果按一塊大洋的購買力等於四百五十八元新臺幣估算的話，等於是拿出六萬八千七百塊就能買下一整座四合院。

民國初年的北京四合院之所以便宜，一是因為滿清剛剛完蛋，旗人丟了鐵桿莊稼，一時又找不到別的生財之道，若想繼續維持相對優裕的小日子，只有靠賣房、賣地、賣古玩，所以市場上的成屋供應相對充足；二是因為北京那時候仍然是個政治城市和文化城市，工商業不夠發達，對外來人口的吸引力不大，沒有多少人迫切需要在北京買屋定居。土生土長的北京人不用說，家家戶戶都有住處，即使是外來人口也可以輕鬆找到落腳處。截至民國十九年為止，北京常住人口（含郊區）僅一百五十萬左右，住屋卻有一百一十九萬間（含樓房六萬九千七百五十五間、瓦房七十萬二千二百三十一間、灰房四十一萬八千五百三十間）[28]，再加上無門牌而沒被政府納入統計的大量棚屋，基本上可說是「人手一間」。

曾經很便宜的北京土地

北京的土地在民國初年也很便宜。

魯迅在西直門八道灣買房兩年後，北京大興康營村某塊土地出售，面積四・三畝，只賣七塊大洋[29]。魯迅買房八年後，北京東直門外、廣西門內某塊土地出售，面積一・五畝，三十六塊大洋成交[30]。在今日北京，以及在今天的任何一座城市，都不可能會有這麼廉價的土地。

由於土地便宜，大開間、大院落也就成了民初道地北京人的居住習慣，以至於到了其他城市就會產生強烈的局促感。著名作家冰心年輕時跟著時任海軍部軍學司司長（後來升任海軍部次長）的父親謝葆璋在北京租住四合院，院子大得可以蓋一座兒童遊樂場。後來冰心旅居英國，在倫敦找房子，發現絕大多數所謂的豪宅「後花園」，只不過是一塊豆腐乾大小的草地，只夠擺放一只雞籠和一間狗屋而已。冰心驕傲地對英國作家伍爾芙說：「我們中國的後花園，是可以『訂終身』的地方，再不濟也有一個亭子、幾盆花草、幾棵樹。」[31]冰心不知道那時倫敦的地價已經高達三百萬兩一畝[32]，折合近四百萬塊大洋，誰家的後花園真要開闢得像北京四合院那樣天廣地闊，鐵定是個超級富豪，不然怎麼買得起？

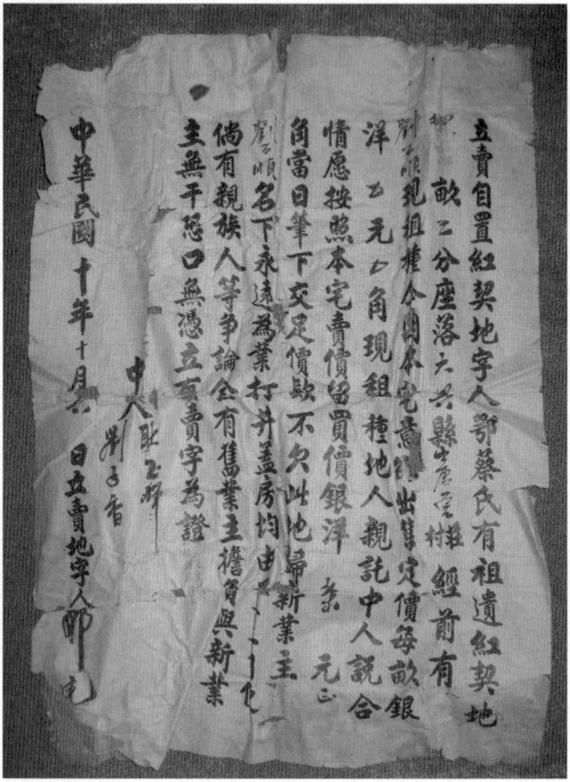
立賣自置紅契地字人鄂蔡氏有祖遺紅契地
畝二分座落大興縣　村　經前有
劉玉順現租種今因本宅需錢出售定價每畝銀
洋五元七角現租種地人親託中人說合
情愿按照本宅賣價留買價銀洋　元正
自當日筆下交足價款不欠此地歸新業主
劉玉順名下永遠為業打井蓋房均由
倘有親族人等爭論全有舊業主擔負與新業
主無干恐口無憑立此賣字為證
中人　耿玉祥　劉子香
中華民國十年十月　日立賣地字人鄂

民國十年大興縣鄂蔡氏賣地白契。

細心的朋友可能會注意到：既然北京的土地和房子都那麼便宜，為什麼冰心的父親謝葆璋不買一座四合院，卻讓女兒跟著自己租房子呢？

這個問題其實也可以問魯迅：您花三千五百塊大洋就能買一座大型四合院，為什麼剛開始工作時不買？非要等到十年後才買？而且居然還要分期付款和貸款？房價不是很低嗎？

原因是這樣的：當時人的想法和我們不一樣，我們必須擁有一間屬於自己的房子才覺得踏實，他們只關心是不是夠住，並不關心居住的房子是否屬於自己。換句話說，我們追求的是「擁有一間房子」，他們追求的是「有房子住」。整個民國初年，除了一部分靠房租養家的包租公和靠炒房取利的投資客（這類投資客在廣州和上海很多），大多數城市居民都沒有買房子的欲望。

當然，那時候的人同樣愛比較、愛虛榮，但他們比的不是誰家買了更多房子，而是誰家的房子更大（不管是租的還是買的）、更舒適，誰家的家具更時髦，誰家的裝飾更精緻典雅，誰家的保姆更懂事，誰家的廚子更厲害，誰家率先買了黃包車還雇了車夫……總而言之，他們比較的是居住品質，而不是產權歸屬。只要你住的房子夠大、夠漂亮，裝修布置夠典雅，你就是上流社會，哪怕房子只是租來的，也可以信心十足地在外面掛一門牌，寫上「李公館」或「張公館」。如果你的房子又小氣又俗氣，就算是自己掏錢買的，就算一下子買了幾十間，也只是個土財主。這就是民國初年的社會風氣。魯迅和冰心（包括冰心的父親）都被這個風氣包圍著，所以他們不是不買房子，而是壓根兒就沒想到要去買。後來魯迅之所以決定買屋，是因為要把母親、兄弟、妻子等親人接來一起住，共享天倫之樂，需要一個既開闊、私密性較強的住所，而北京城裡很難租到這類住所（例如魯迅租住七、八年的紹興會館就沒有私密性，甚至不允許房客攜帶女眷），所以不得不買一間來住。

正因為那時的人對於買房子並不積極，他們自然也不會為了想買房子而攢錢，當時的房價雖然很低，一般消費者帳面上的存款數字更低。魯迅就是個很典型的例子，他在北洋政府的教育部當官，月薪高達三百塊大洋[33]，同時還在北京大學和北京女子師範大學兼任講師[34]，也替報紙寫專欄，為出版社翻譯書稿，各項收入加起來，每個月平均應該有五百塊大洋以上，不吃不喝、不亂花錢的話，用不了一年就能把西直門八道灣那座四合院買下來。可是在一九一九年之前，魯迅從來沒想過買房子，他領到薪水後先寄一百塊大洋回紹興老家，然後就去逛琉璃廠，買古書、買碑帖，隔兩、三天就逛一回，每回都要花幾塊大洋乃至幾十塊大洋[35]。他在教育部裡同事多，在大學裡朋友也多，遇上紅白喜事要共同出錢，他出手大方，別人出五角（銀元），他出一塊；別人拿一塊，他拿兩塊，這筆開銷雖然不大，湊在一起也很嚇人。還有，北洋時期天災人禍不斷，公家單位的上班族時不時需要掏腰包捐款，有時候不捐都不行，提前從工資裡被扣掉，故此魯迅每個月都有一筆錢花在捐款上。所以收入雖高，還是擋不住開銷大，等到要買房子時，手頭存款竟然只有幾百塊大洋。您說，他不分期付款行嗎？不貸款行嗎？

魯迅買房得分期付款和貸款，普通人買房就更需要分期和貸款了。

這裡說的普通人，是指沒當官、也沒在大學教書的普通老百姓，他們的收入要比魯迅低多了。

魯迅小說《祝福》裡的女主角祥林嫂在魯鎮當女傭，一年工錢不過折合「十二塊鷹洋」，鷹洋是墨西哥銀元，晚清時就在中國廣泛流通（參考41頁圖），含銀量和「袁大頭」很接近，十二塊鷹洋差不多能兌換十二塊大洋，也是祥林嫂忙活一整年的薪水。魯迅〈從百草園到三味書屋〉裡描寫的那位私塾老先生實有其人，名叫壽敬吾，是紹興東城最有名的塾師，束脩為全城最高，但每位學生每年也不過八塊大洋，我們假定壽老先生同時教五十位學生，年收入也只有四百塊大洋，還沒有魯迅一個月的收入高。

名醫陳存仁的回憶錄《銀元時代生活史》講述了民國初年上海人的收入狀況，高級塾師月薪約十二塊大洋，綢緞莊的總帳房月薪約十塊大洋。高級塾師和總帳房算是工薪階層裡收入較高的了，收入卻只是魯迅的幾十分之一。沈從文早年作品〈一日的故事〉描寫一對在上海工作的夫婦，男的從政法大學畢業，在機關做職員，月薪六十塊大洋，和魯迅比還是不值一提。一九二六年魯迅離開北京之前，為母親和妻子朱安雇了三個老媽子[36]，每人每月的薪水只有兩、三塊大洋。您可千萬不要認為魯迅小氣，那時候雇保姆就是這個行情，只要管吃管住，一個月只給一塊大洋也有人做。一九二七年北平社會調查所對北京市四十八家平民（含工人、小學教師和人力車夫）進行收支調查，他們的家庭平均月收入是十五塊大洋，論掙錢，魯迅一個人抵得過他們幾十家。

魯迅買房時手頭很緊，又是分期又是貸款，普通人收入這麼低，買房子時又如何呢？如果單看那時的房價，買房似乎不難，畢竟如前所述，北京的工人、小學教師和人力車夫平均每家每月能掙十五塊大洋，年收入自然是一百八十塊大洋，攢一年錢，就能買一間小型的四合院——前面說過，早在民國四年，阜成門王府倉胡同一座四合院只賣一百五十塊大洋。可是問題在於，他們還得買糧食、買家用品、付房租、給小孩看病以及親戚串門、紅白帖，有些傢伙還染上了賭博、嫖妓、抽鴉片的惡習，能保證一年到頭收支平衡的家庭不到一半[37]，存錢買屋就更屬妄想了。

也就是說，民國初年北京的房價雖然低，普通人買房子還是很困難，因為他們的購買力更低。這個現象至今依舊：京、廣、滬房價高，買房很難，小城市房價低，買房一樣難，因為小城市居民的收入也很低。所以，判斷某地或某個時代的房價是高還是低，不能單看房價，更要看收入，更準確地說，要看多數家庭在必要支出之後的剩餘積蓄。而從家庭積蓄的角度來看，民國初年北京的房子並不便宜。

細心的朋友可能會問：前面〈曾經很便宜的北京四合院〉一節不是說，截至民國十九年為止，北京人口一百五十萬人，卻有住房一百一十九萬間，加上沒有統計到的簡易棚屋，人手一間都夠用了，既然這樣，為什麼還是有很多人買不起房子呢？

因為「人手一間」只是平均的結果，而平均對於普通人沒有意義。魯迅月薪三百塊大洋（稿費、版稅、講課費另計），他們家保姆月薪兩塊大洋，一平均，保姆每月能掙一百五十一塊大洋，可是這樣平均對保姆有什麼意義？房東王太太有五間房子，您名下一間也沒有，你們倆一平均，每人擁有兩間半，這樣平均對您又有什麼意義？把現今中國大型和中型城市所有的空屋全部拿出來，便宜賣給想買房但買不起的家庭，每家買上一間還綽綽有餘，可是建商憑什麼願意賣？坐擁多間房屋的有錢人和特權階層憑什麼便宜賣？總之，買不起的還是買不起，這筆平均帳只說明了住房供應充足，不代表普通人一定買得起，對吧？

一個民初白領的家庭帳本[38]

與其說他吝嗇，還不如說他儉樸。吝嗇也罷，儉樸也罷，總之他不肯濫用一個錢，雖然在生活程度這樣高的上海，真是不得不如此呢。

他在某公司當一個中等職員，月薪五十元。五十元，也不能算怎樣少了，五十元一個月的職業，在失業人這樣多、謀事這樣難的社會裡，已經很不容易得到了，是啊，還有人羨慕他呢。然而五十元，僅僅只五十元，他還是很籌劃地維持他的生活呢！

他的家庭裡，除了他以外，還有一個妻子、一個初生的女兒，很簡單的，人家總說他用不掉幾個錢，然而他哪裡有一個錢積起來？

從前他用得自己也莫名其妙，去年的一月裡，他備了一本帳簿，並且立了一張預算表：

月薪：五十元

房租：十元（二〇％）

米：三元（六％）

菜：七元（一四％）

火油：一元（二％）

雜用：四元（八％）

車費：三元（六％）

交際應酬：五元（一〇％）

衣服：五元（一〇％）

娛樂：一元（二％）

儲蓄：八元（一六％）
特別：三元（六％）
合計：五十元

他立好了這張預算表後，自己看看，非常高興，他覺得經濟前途很是光明。他想每月有八元可以儲蓄，也許沒有什麼特別開支，就可以有十一元積起來，一個月十一元，一年一百三十二元，存在銀行裡又可以生利，利上更可以生利，一百、二百、三百……他的臉上現著笑容，他的心裡充滿了希望。

房租，十塊錢住了一層全樓，連了一盞二十五支光的電燈，不貴啊，近鬧市的房價要高出一、二倍呵！雖然為離鬧市遠，要多費三塊錢車費，然而還是上算的。然而這兩項一個銅元也省不下了。三塊錢米，哪裡還能節省，你想只扯得二角三分一天，還不到七十個銅元，能吃什麼東西？一塊錢火油是更不能省了，燒茶煮飯，哪一件不要用？四塊錢雜費尤其不能省了，肥皂、草紙、郵票、紙筆、理髮……一行說不盡的雜用東西。衣服扯五塊錢一個月，六十元一年，哪裡再減少？帽子、鞋襪都在內呢！一塊娛樂費也是要的，否則人生太枯燥了，隨便看一次三角、二角的影戲，或是同著鄰居打幾回五百錢的搓麻雀。

倒是這五塊錢的交際應酬最難捉摸，他以為夠了，哪知道還是不夠，婚喪喜慶的禮這樣多，一動起碼兩元，稍為知己些又非四元不可，少了似乎難為情。內地的親戚來了，又不得不請他吃一餐飯，看一本戲。新年快來了，人家送了禮物來，又不得不還送些東西。他預算扯五塊一月可以夠了，然而結果非但不能減少，而且還超過不少。

三塊一月的特別費用，他以為或者可以一錢不用，哪知事情來起來往往出於預料的：他到蘇州省親去了，川資用了五塊錢。他發了一個寒熱，買了一瓶阿司匹靈。看箱的老母死了，沒有錢入殮，做了一塊錢好事。錶跌壞了，去了二塊錢修理費。在市上看見了一對花瓶，買了回來，歡喜得了不得，供在臺上，看看也開心，可是去了一元二角大洋。

寫不盡的一切、一切，東三角，西五角，東一元，西兩元，結果超過了預算不少。

超過了預算怎麼辦？哪還有什麼法子？只有向儲蓄項下扣，這樣他夢想一年能多一百元的，去年一年他辛辛苦苦地節省，還只有四、五十元錢。雖然不能滿足他的欲望，然而他自己也知道很不容易了。今年還不是一般的，非但如此，偏偏生下了一個小孩子，收生費、調養費……把去年積下的四、五十元一起都花去了。

小孩子彌月了，他雖盡力地隱瞞，但是終被朋友們知道了，送來了禮，使他不得不請酒。金鎖片、金手鐲，價值是不少，可是有什麼用？還不及酒席費的一半，於是他又用空了幾個月的儲蓄項下的錢了。

他想到他也許會生病，也許會失業，小孩大了的教育費……他恐慌，他憂慮，他愁思，他終日仔仔地想到錢。

他不捨得吸一支紙菸，他不肯用去一個閒錢，於是人家笑他吝嗇，有了五十元一個月的薪俸，不捨得吸一支菸。

遷都以後的南京房市

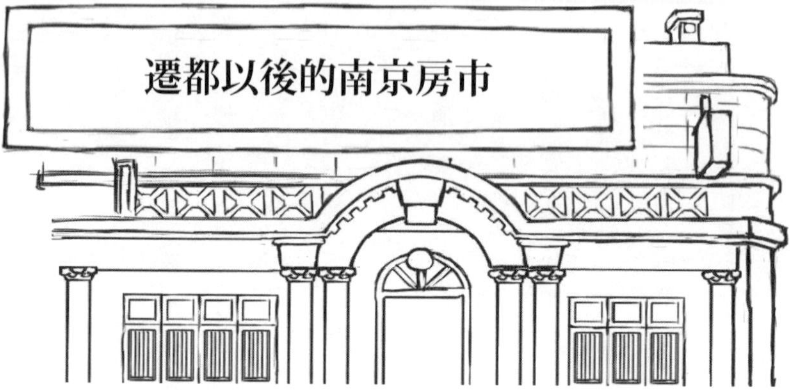

到現在為止，我們只談了北京的房價，接著來說說南京的房價。

南京房價有兩個很明顯的轉折點，第一個轉折點是國民政府遷都以後，第二個轉折點出現在南京大屠殺前夕。

國民政府遷都南京之前，南京很荒涼，人口很稀少，「鼓樓以北、西華門以東、五臺山以西，荒煙蔓草，居民稀落」[39]，全城只有三十六萬居民。然而，遷都後一年之內，城區人口增長到五十七萬人。到了一九三五年，南京城區人口已經超過百萬，僅次於上海、北京、廣州和天津，成了當時中國「六個百萬人口大都市」之一，城區人口最稠密的夫子廟一帶，每平方公里竟然居住了四‧〇六萬人，僅次於上海公共租界的人口密度，超過了當時東京、巴黎、倫敦等國際大都市。

一九三一年，國民政府內政部土地司調查並測算了南京各區的地價：

第一區（戶部街一帶）平均每平方公丈八十八塊大洋。

第二區（花牌樓一帶）平均每平方公丈七十六塊大洋。

第三區（黑廊街一帶）平均每平方公丈五十八塊大洋。

第四區（中華門一帶）平均每平方公丈三十四塊大洋。

第五區（清涼山）平均每平方公丈四十一塊大洋。

第六區（鼓樓一帶）平均每平方公丈二十四塊大洋。

第七區（下關）平均每平方公丈一百零四塊大洋。

從一九三〇年到一九三九年，南京市普通洋房造價一般落在每平方公丈二百七十塊大洋左右（不含土地和裝修費用），建商利潤則在二四～四五％之間。以戶部街為例，平均地價是每平方公丈八十八塊大洋，加上每平方公丈二百七十塊大洋的造價，洋房的平均成本是每平方公丈三百五十八塊大洋，再加上二四～四五％左右的建商利潤，這個地段的洋房售價大概在每平方公丈五百塊大洋上下。一平方公丈約等於十一平方公尺（約三．三坪），我們可以據此計算出，戶部街洋房每平方公尺均價是四十五塊大洋，折合新臺幣後約是一萬二千八百元（此時大洋在南京的購買力比魯迅在北京定居時的購買力要低，一塊大洋約合二百八十五元新臺幣）。

表面上看，這個價位要比現在的南京房價低很多，實則不然。我們剛才探討過，房價高低是相對居民收入而言的，當時的南京房價雖低，市民的可支配收入也很低。一九三一年，南京社會調查所針對不同職業、不同收入的二百八十戶居民進行收支調查，家庭平均月收入在二十塊大洋（折合新臺幣約五千七百元）以下的超過半數，拋去日常必要開銷，能攢錢買房的家庭百不挑一，以至於「南京一百萬人口的最大部分，皆居住於租賃的住宅內」[40]。

普通百姓很少買房子，不代表沒有購屋需求。在民國二、三〇年代的南京，最主要的買家就是從北京、天津等地遷往南京的高級官員和下野軍閥，這些人不缺錢，即使房屋再貴、稅再高，他們也負擔得起。例如馮玉祥，他算是最清廉、最平民化的軍閥，抗戰前竟然也在南京城北購買並改建了一間很大的別墅，占地十二畝。

從一九三〇年到一九三六年，國民黨官員購建豪宅成風，很多造型別致的花園洋房迅速在南京傅厚崗一帶拔地而起，使那裡成了達官貴人專屬的高級社區。一九三六年，當時的學者高炳南在國民黨機關報《中央日報》上發表評論說：

國民政府首都員警廳廳長姚琮在南京購建的西式別墅，總占地六畝，南京淪陷後，該別墅被日軍占用。

「自建都以來，達官顯宦、富商大賈，無不高築洋房，廣購庭院，城北高曠優美之地，隨處可見其產業。南京目前雖無如故都北平占地數百畝之王府，卻亦增加不少宏大寬敞的公館別莊，這種房屋儘管多多的增加，卻都被達官以鉅款收入囊中，一般市民是無福消受的，真乃富者有廣廈萬間，貧者無立錐之地也！」

軍閥、高官和富商們買下優質的土地和房屋，並不全為自住，一部分也是為了升值和轉手。鑑於民國初年的房屋稅沉重，買房持有並等待升值的成本太高，導致炒地的人很多，炒房的人很少。只不過地價既然炒了上去，房價必然也會隨之上升。

大屠殺前夕的南京房市

在第一章〈民國房地產戰爭〉裡已談及戰爭往往會抬高房價，並舉例說明：北宋末年，金兵肆虐中原時，中原百姓認為首都開封是防守最好的安全地帶，都湧了過去，造成開封房價暴漲。南宋初年，北方人在金兵圍堵追截中渡江南下，聚集在浙江杭州，造成杭州房價暴漲。太平天國起義時，上海幾遭圍城，江南富人仍然逃入上海避難，給上海的房地產市場帶來了長達半個世紀的繁榮。還有日軍侵華時期的上海、杭州、昆明和北京，都出現過短暫的房價飛漲。

可是還有更特殊的例子——戰爭使得當地房價暴跌，與此同時房租卻不斷上漲。這個特殊的例子就是日軍大屠殺前夕的南京。

日軍攻入南京前，南京政府發布警報，通知市民挖防空洞。警報一出，逃難者劇增，車站人

日軍開進南京。

滿為患，碼頭人滿為患；火車站買不到票，人們日夜排隊；下關碼頭船票售罄，統艙和官艙都擠滿了人。在南京工作的農民集體返鄉，連保姆都爭先恐後出逃，月薪開到一百塊大洋都留不住人，為南京的闊太太們造成了前所未有的大恐慌[41]——衣服得自己洗，飯菜得自己做，孩子得自己看，連逃難的行李都要自己收拾。僅僅一個月過去，南京市區原有的三百萬人口（截至一九三七年為止，南京人口已從一九三五年的百萬人驟增到三百萬人）呼啦一下子逃出去一半。在這種情況下，房價和房租肯定下滑吧？不，房價下滑了，甚至根本沒有人買，房租卻比政府發布警報前漲得還高。

原因有二：

一、剛開始逃難的時候，土生土長的南京人

在棲霞山搭建窩棚避難的南京居民。

不想跑太遠，逃來逃去都是在本市打轉。下關的市民以為近江地帶會先受到軍艦攻擊，往城裡逃；城裡的市民認為城裡人太多，容易成為轟炸目標，往下關逃；城北的市民覺得城北政府機關多，被炸的可能性大，往城南逃；城南的市民認為城北地勢空曠，逃起來方便，往城北逃。雖然都局限在南京，畢竟不可能帶著房子跑，還是得租屋，於是家家都去租房子，房租自然上升。

二、南京人往外逃的時候，最先遭到日軍屠殺的上海人以為南京不會有屠殺，竟然一批批逃進南京，這一出一進，南京人口非但沒變少，短時期內還增加了，可是房子沒有變多呀，供不應求，房租當然繼續上升。

天津房價為何崩盤？

從國民政府遷都南京起，南京的房價和房租就開始迅速攀升，房地產市場很快火爆起來，一直到南京大屠殺前夕，房價曲線始終呈現上升態勢，好像會永遠就這麼漲下去似的。然而，這世上決不會有永遠上升的房價，當上海和無錫遭受日軍轟炸時，南京的房價出現了掉頭下滑的苗頭；當國民政府發出警報，大批市民往外出逃時，南京房價就開始翻跟斗往下掉了；到了一九三七年十二月，日軍肆虐南京，房子無人問津，曾經火爆的房市轟然倒塌。

由此可見，房地產市場看似堅挺，實則脆弱，一炮轟過去，它就碎得滿地都是。甚至大炮還沒有轟過去，僅僅因為聽到了遠遠傳來的炮聲，它也會碎得滿地撿不完。天津房市就是典型例證。

天津的房價一度超過北京。魯迅在北京，三千五百塊大洋就能買一座大型四合院，可是在同時代的天津卻不行，同樣大小的房子，在天津至少得賣到上萬塊大洋，是北京房價的好幾倍。原因在於天津是個工商業城市，也是個租界城市，早在辛亥革命的時候，滿清顯貴怕革命軍抄家，紛紛把財產往天津的日租界、英租界或者法租界轉移，後來北洋政府時期，軍閥互相掐架，掐敗的一方也流行跑到天津做寓公[42]。無論滿清顯貴還是下野軍閥，都為天津房市帶來了相當可觀的居住需求，使天津的房價和房租雙雙快速上漲。

到了一九二五年，末代皇帝溥儀被「誓要把帝制剷除乾淨」的「基督將軍」馮玉祥當成釘子戶趕出紫禁城，前往天津日租界租房[43]時，天津的居住成本基本上已經來到巔峰——溥儀租住的「張園」（清末軍官張彪的私宅）每月房租高達二百塊大洋。那時候大洋在天津非常值錢，不逢災年，一塊大洋能買二十公斤米，一個成年人每天早上吃燒餅油條，一個月下來也吃不了兩塊大洋，按購買力折合成新臺幣的話，二百塊大洋在天津至少相當於十萬元，而且這還是「人情價」，房東視溥儀為「舊主」，不好意思按行情收租，已經給了折扣。

房租高昂，蓋屋取租有暴利可圖，從事房地產開發的人自然愈來愈多。據時人調查，當時天津缺少專業的房地產開發公司，倒是各大銀行紛紛兼營房地產，軍閥和富商也參與其中[44]。難怪有人編了〈竹枝詞〉來描述天津房地產市場的火爆情形：「租界街基價倍騰，房金移轉即加增。更多闊佬營三窟，土木工程日日興。」

然而，這種大好形勢並沒有持續太久。一九二七年元月，隨著國民革命軍北伐力量的壯大，分別占領漢口租界和九江租界，天津租界的人心也恐慌了起來，在此避居的前清遺老和失意軍閥唯恐北伐軍打到天津，趕緊拋售產業，前往上海租界避風頭，於是天津房價突然下降，前期開發的商鋪和住宅無人過問，房市瞬間崩盤[45]。

由意念控制的房價

在民國初年，同樣是經受戰爭，有的地方房價下跌（如國民革命軍北伐時期的天津），有些地方的房價反倒上漲（如日軍占據時期的北京）。那麼，戰爭究竟是會讓房價上漲，還是會讓房價下跌呢？

一般來說，哪個地方能成為和平孤島，那個地方的房價一定上漲（例如兩宋之交的杭州、辛亥革命時的租界），而那些戰火延燒到的地方，房價通常會下滑。更準確地說，房價是漲是跌，主要看人們的預期心理，假如多數人認為當地會變成和平孤島，則炮聲一響，房價立漲；如果多數人認為當地會被戰火波及，則炮聲一響，房價直落。

所以說，直接影響房價的因素不是供需關係，也不是戰爭，而是人們的預期心理。只要多數潛在的購屋者相信房價會漲，那麼無論空屋有多少，也無論房價超出普通人的支付能力多少倍，甚至不管戰火離家門口有多麼近，都不會影響房價的繼續上漲。

那又是什麼因素決定了人們的預期心理呢？主要是公眾掌握到的資訊。只要有足夠多的新聞或謠言顯示房價會跌，那麼人們真的會相信房價將跌，然後房價就真的會跌。從這個角度看，房市是唯心論，房價是受意念控制的，就像魔法一樣。

佛教的密宗和淨土宗認為咒語具有強大魔力，前提是念誦咒語的人得有堅定的信心、強烈的願望，再加上由此驅動的實際動作（念誦），這是咒語的三個要件，簡稱「信、願、行」，其中「信」最重要。也就是說，想讓咒語有效，首先你得相信它有效，然後它就會真的有效。公眾心理對房價的影響有似於此，你想讓房價下跌，光是盼望（願）是沒用的，光堅持「不買房運動」（行）也沒用，起碼得有超過半數的潛在購屋者打從心底相信（信）房價會跌，然後它就真的會跌。反之，如果政府或建商想讓房價上漲，也得想法設法使潛在購屋者打從心裡相信房價會漲，然後它就真的會漲。

上海的房價被炒到了天上

我們還可以拿上海的房價為例，進一步驗證房市是否真屬於唯心論。

就整個民國初年而言，上海的房價幾乎一直排在所有大城市的前面，因為上海最繁華，租界最大，吸引的外來人口最多，住屋需求最強烈。

不過在一九四五年到一九四九年之間，影響上海房價的最主要因素已經變成投機了，而非需求。一九四五年，日軍投降之前，多數市民認為光復在即，需求即將猛漲，於是頭腦靈活的商人到處開設空殼公司，透過買賣房地產獲取暴利。那時候，「踢皮球」、「飛過海」之風盛極一時，譬如某人認為某塊地一定會漲，就向原地主高價求購，交過定金之後，一不過戶，二不在報紙上刊登「置產徵詢」之類的啟事（參見〈比魯迅更謹慎的購屋人〉一節），直接就拿著賣家開

擁擠的上海法租界，喬治．斯威爾攝於一九〇七年。

具的定金收條去找房地產仲介，加價賣給另一個相信土地會漲的買家。房地產仲介則玩「搶帽子」的把戲，私自在委託方要求的賣價之上再加一成售價，仍能找到願意上當的買家，既賺傭金，又賺差價。到了一九四七年前後，上海市區稍有積蓄的市民都加入了炒房大隊，只要是一間房子，無論有人住沒人住，無論在市區或近郊，無論是否遭受過日軍轟炸，無論採光好壞，哪怕即將倒塌，都能在房市裡接二連三地轉手，每轉一次手都加一次價。各大房產公司眼見市場如此火爆，都把重心從開發放到囤地上，有一家「國華地產公司」名下開發土地僅僅半畝，囤積的空地卻多達二百二十九畝[46]。設想一下，假如我們穿越到當年，見到房地產投機激烈，建商囤地如此凶猛，說不定會以為跑錯了年代，沒有回到民國初年，而是回到二〇一〇年限購以前的中國呢。

由於投機的緣故，上海的房價和房租來到史上最高點，買房必須以「大條」計，租房至少要用「小黃魚」支付（大條指十兩重的金條，小黃魚指一兩重的金條）。翻翻一九四七年的《申報》，廣告版上很容易就能找到房屋出租的廣告，可是那房租實在高得驚人：「洋房，××路，獨立，三開間，三層，花園，電、衛、煤、車全，頂費二十二條，請電××××洽。」頂費二十二條的意思就是，光付給前任房客的轉租費就得要二十二根金條！有人感慨道：「以上海為例，頂屋費用動輒需黃金數條乃至數十條之多，租金多以美鈔、英鎊計算者，似此金樓銀閣，非法勒索，除少數富商大賈問津外，一般平民莫不感到居住壓迫的痛苦。……各種事業機關與一般公教人員因覓屋困難，棲息無所，以致焦慮頻仍，工作無力。」[47]可見不光低收入階層租不起房子，連公務員都租不起。

房子太貴，絕大多數人別說買房，連租都租不起，上海房荒可謂非常嚴重。可是細究起來，這種所謂的房荒並不是因為房屋短缺，也不是因為需求太多，只是因為過分的投機把居住成本炒得太高而已。一九四九年國共內戰前夕，作家柯靈《楓橋的夢》中有一句話非常寫實，至今可視為名言：「其實上海何嘗房荒，平民雖立錐無地，而達官貴客，巨宅連雲，所荒的，是平民沒有金條而已。」

好在投機無法持久，一九四九年，共產黨的軍隊逼近上海，廣大富商與市民慌忙出逃，正炒得火熱的不動產突然冷卻下來，上海房市再次崩盤[48]。

乘火車出逃的上海市民，Jack Birns 攝於一九四九年三月。

廣州的地王比今天還貴

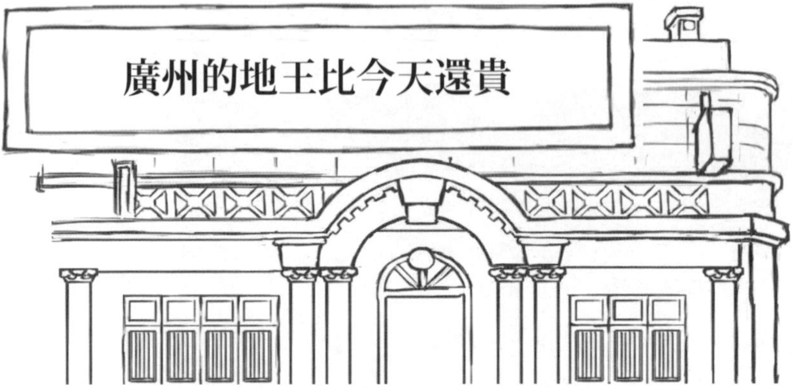

廣州是另一個投機情況嚴重的城市。

如果我們把時光機的指標撥到二十世紀三〇年代，然後前往各大都市看房的話，您會發現上海的房價最貴，緊接著就是廣州，首都南京的房價次之，天津和青島的房價又次之，北京（時名北平）的房價只能排在最末位。

廣州房價之所以名列前茅，與開埠早、發展快有關係，但推著房價上漲的主要動力還是投機：民國剛成立時，南洋僑商已經開始在廣州囤地囤房，後來陳濟棠主政廣東，一時政局穩定，經濟繁榮，房價走高的形勢特別明顯，大批僑商斥鉅資購買土地，遂使地價、房價與房租一起飛漲，房地產投機利潤驚人，於是本土商民也組團「拚命狂炒煽動」，「市內之炒業公司不下數十」，導致居住成本「增進之速率竟致出乎一般

廣東省政府一九二四年鑄造的毫洋。

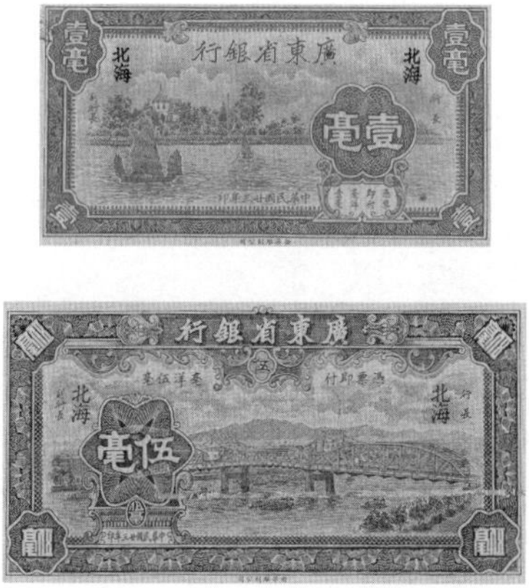

廣東省銀行一九三四年發行的毫洋券。

意料之外」[49]。

在民初，廣州計量不動產面積有一慣例，喜歡用「井」為單位，每六十井為一畝，故一井大約折合十一平方公尺（約三．三坪）。據統計，一九二七年前後，廣州市區最繁華的粵華路（今惠愛路）兩旁商業地段，每井土地只賣二百～三百塊毫洋。到了一九三二年，地價上漲二十倍，同樣地段每井土地要賣五、六千塊，最貴的一塊地成交價竟然高達每井七萬塊毫洋。每井七萬，也就是每畝四百二十萬，按毫洋在當時廣州的購買力，一塊毫洋相當於二百四十元新臺幣[50]，四百二十萬毫洋折成新臺幣等於是十億元以上！

地價如此之高，蓋成房子以後，房價和房租自然高得嚇人。一九三二年，廣州新式洋房每井售價最高可達五千塊毫洋，折合後為一百一十八萬新臺幣。再按每井為十一平方公尺折算，每平方公尺售價十萬零七千九百三十元，和廣州今日的房價比起來，並不算太高。可是我們說過，當時的普通人收入很低，雖然廣州的薪水比北京、南京、天津、杭州等城市高出一大截，攢錢買房還是很困難。一九三一年廣東省教育廳大幅提高教師薪俸標準，廣州市市立第一中學初中部專任教員每月授課六十個小時，每小時薪水仍然只有三塊毫洋，即月薪一百八十塊毫洋，折合新臺幣約四萬三，相當於年薪五十一萬多。如果想買一百平方公尺（約三十坪）的洋房，需要支付九百五十萬以上的房款，得不吃不喝積攢二十多年。

必須說明的是，民初的廣東當局非常重視教育，公務員的薪俸遠遠低於教師，市政府科員月薪一般是五十五塊毫洋左右[51]，折合新臺幣約一萬多塊，這批人要是不貪汙的話，想買房子可比教師還要困難。

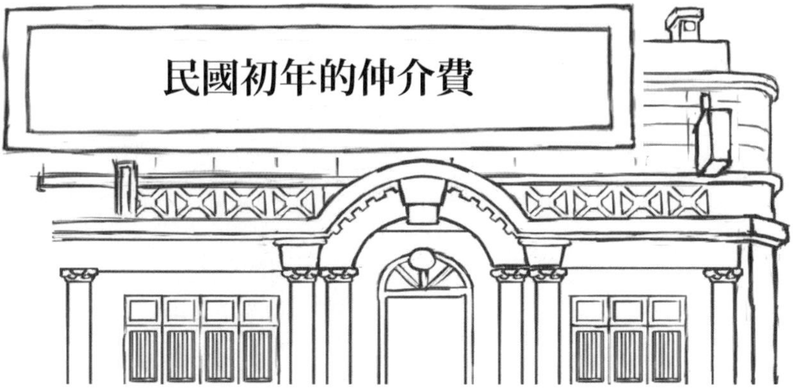

民國初年的仲介費

民國初年買房難，一是因為房價相對於收入或積蓄來說很高，二是因為買房時除了要支付房款，還要支付仲介費、契稅以及其他各種稅。買房以後，還要定期繳納房屋稅。

我們先看仲介費。

從前面摘抄的《魯迅日記》可以看出，魯迅購買北京西直門八道灣的四合院時，向仲介支付了「中保泉一百七十五元」。我們知道，那間四合院的成交價是三千五百塊大洋，仲介拿走一百七十五塊大洋的傭金，說明傭金率是五%。

在當時的北京，五%的傭金率是很正常的。老舍在《四世同堂》裡寫過：「當他立在高處的時候，他似乎看不見西山和北山，也看不見那黃瓦與綠瓦的宮殿，而只看見那灰色的，一壟一壟的，屋頂上的瓦。那便是他的田，他的貨物。有

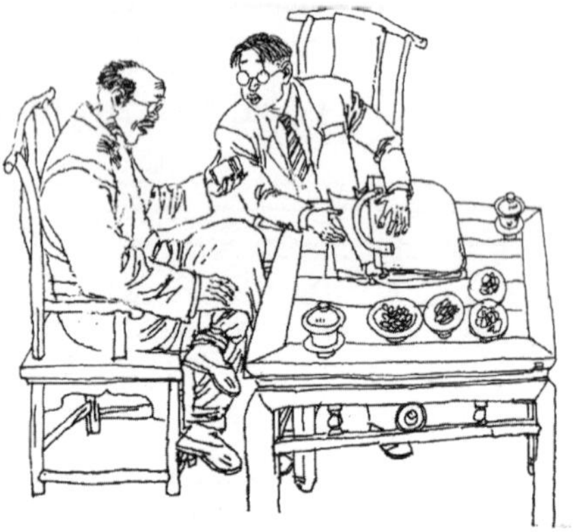

舊上海的房產仲介。

他在中間，賣房子的與買房子的便會把房契換了手，而他得到成三破二的報酬。」這個「他」，指的是房產仲介「金三爺」，「成三破二的報酬」指的是他從房地產交易中提取傭金的比例：購屋者付三%傭金，賣屋者付二%的傭金[52]，合起來剛好五%。

不過，並不是所有城市的房屋仲介都按五%收取傭金。在江西南昌，買賣土地的傭金率是三%，買賣房產的傭金率是四%，時稱「田三屋四」[53]。而在房地產交易最活躍的上海，傭金率則比北京低一倍，房屋成交後，仲介行規是「二釐五的抽水」，即只收二．五%傭金。不過上海房價很高，傭金率雖低，成交價卻高得可怕，所以上海仲介每促成一筆交易，拿到的傭金還是比北京仲介高出許多。

文壇名人徐志摩在上海就做過仲介。徐志摩有個姑父叫蔣謹旃，蔣謹旃有個弟弟叫蔣百里，蔣百里在上海愚園路有幢房子，想賣掉，徐志摩聽說了，高興地說：「我給你找買主，你給我傭金！」還有個叫孫大雨的人，在上海衡山路有塊地也想賣，徐志摩毛遂自薦，非常樂意在裡面跑媒拉縴，幫忙找買家、談價錢、寫合約、按手印，完了拿一份兒傭金[54]。當時蔣百里賣的房子價值三萬二千塊大洋，孫大雨賣的土地價值六千塊大洋，兩宗交易談成，徐志摩照行規可以拿到九百五十塊大洋的傭金，相當於他在光華大學教書月薪的好幾倍。

有朋友會問：既然仲介費那麼高，買賣雙方乾脆直接洽談，省去仲介這一關不就行了嗎？事實上是不可行的，因為當時房地產仲介的主要作用並非聯絡和談價，而是在交易中做公證，倘若房屋成交以後，買方發現品質有問題或產權有糾紛，可以找仲介解決；反之，如果賣方沒能及時收到全部款項，也可以要求仲介掏錢補足。在產權紊亂的民國初年，大宗交易必須要有仲介在場，交易雙方雖然得多付一些傭金，卻因此避免了很多風險。

民國初年的契稅

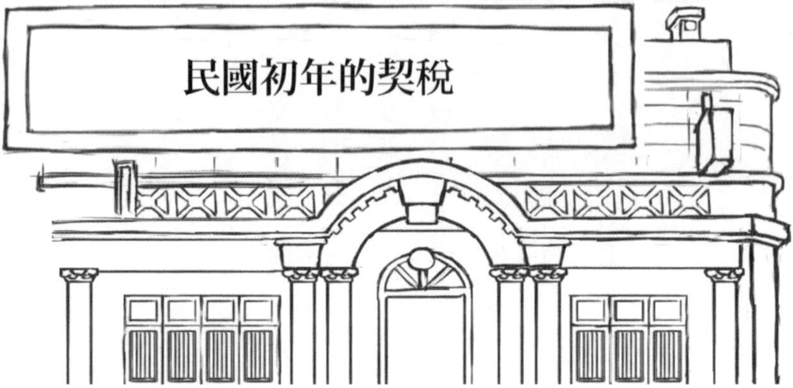

仲介費省不得，契稅也不能省。民國初年，很多城市沒有房屋產權證明，購屋者交了契稅，官方就在購屋合約上蓋一個章，等於是承認交易的合法性，哪天發生糾紛，政府必須受理。如果不交契稅，購屋合約上按的手印再多，也是不合法的交易。按照房地產行業的古老術語，交過契稅的購屋合約叫「紅契」（也叫官契），沒交契稅的購屋合約叫「白契」（也叫草契），為了規避風險，很多人還是願意花點錢把白契變成紅契的。

到了後來，北京、廣州、上海、鄭州等地開始頒發房屋產權證明（時稱執業照或執業證），購屋者得去財政局（有時是公安局，或是由下設的巡警分所代理）繳交契稅，然後才能領到這份證明。如果拒繳契稅，很可能被政府重重地罰上一筆，所以這時候繳納契稅的人就更多了。

現今中國大陸的契稅有地域差別，北京的稅率和重慶不一樣，重慶的稅率和青島不一樣，民國初年也是如此。早期的北京契稅稅率是三%，後來增加到五%[55]。魯迅一九一九年購買八道灣四合院，房價三千五百塊大洋，繳納契稅一百八十塊大洋[56]，代表他按五%的稅率繳交了契稅，多繳的五塊大洋屬於工本費。而在同時期的河北省，買房要繳六%契稅。此外，上海租界、上海華界、漢口租界、漢口華界、天津租界、天津華界……各有各的稅率，而且經常變動。

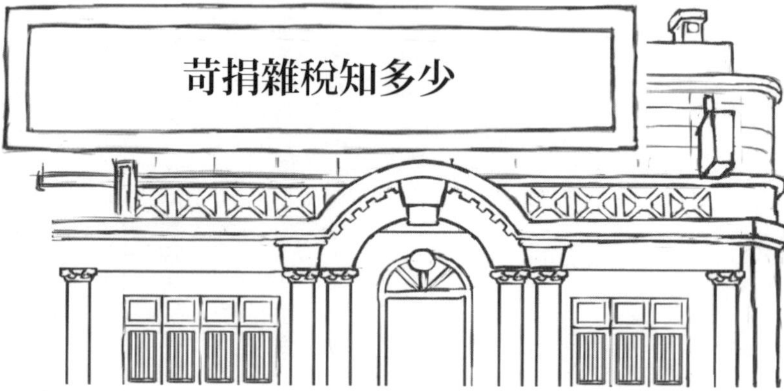

苛捐雜稅知多少

契稅是正稅，繳納契稅的時候還有很多附加稅。就像現今在中國大陸買房子，在繳納契稅的同時，還要繳印花稅、測量費、工本費、教育附加、城鎮維護建設稅等。民國初年買房，附加稅的花樣更多。

以一九三〇年北京為例，契稅是房屋成交價的三%，此外還有二．二%的「附加稅」、〇．八%的「教育稅」、一%的「地方教員費」、〇．九%的「地方教育費」、〇．五%的「參事會經費」、〇．五%的「解廳自治費」、一．五%的「解廳中用費」，加起來比房屋總價的一〇%還多。換句話說，如果你花了一百萬買房子，過戶時還得繳給政府十多萬。歷史課本常說以前剝削嚴重，苛捐雜稅很多，但往往只拿農村舉例，說農業稅如何厲害，卻不知道城市裡的房稅更厲害。

再以一九三〇年的上海為例，買房買地都要經過地保審驗和蓋章，得繳一筆「地保蓋戳費」，這筆費用也是按成交價的某個比例收取：一萬塊大洋以上，地保蓋戳費繳一％；一千塊到一萬塊大洋，地保蓋戳費繳一．五％；一千塊大洋以下，地保蓋戳費繳二％[57]。以徐志摩要幫蔣百里做仲介的那幢房子為例，總價三萬二千塊大洋，其中的二萬二千塊大洋屬於一萬塊大洋以上的級距，得繳交地保蓋戳費二百二十塊大洋；其中九千塊大洋在一千塊到一萬塊大洋這個級距，得繳地保蓋戳費一百三十五塊大洋；剩下的一千塊大洋繳納二％的地保蓋戳費，為二百塊大洋。加起來總共五百五十五塊大洋，光地保蓋戳費都能在房價較低的北京買一座小型四合院了[58]。

您知道，魯迅一九二六年離開北京，一九二七年前往上海，和許廣平在上海定居十年，始終沒有在上海買房子。分析箇中原因，固然和上海房價高有關，也因為當時的文人一般來說對於置產興趣缺缺，不積極，只要租的房子住著舒適就堅決不買房。除此之外還有一個不可忽略的原因：上海的房屋稅太厲害，像地保蓋戳費，簡直坑人嘛！

民國初年的房屋稅

因為不買房子，所以魯迅在上海時不用繳契稅和地保蓋戳費，不過卻要繳納房屋稅。

他寫過一篇〈病後雜談〉，談到上海的租房成本：

「『采菊東籬下，悠然見南山』是淵明的好句，但我們在上海學起來可就難了。沒有南山，我們還可以改作『悠然見洋房』或『悠然見煙囪』的，然而要租一所院子裡有點竹籬、可以種菊的房子，租錢就每月總得一百兩，水電在外；巡捕捐按房租百分之十四，每月十四兩。單是這兩項，每月就是一百十四兩。每兩作一元四角算，等於一百五十九元六。近來的文稿又不值錢，每千字最低的只有四、五角，因為是學陶淵明的雅人的稿子，現在算他每千字三大元罷，但標點，洋文，空白除外。那麼，單單為了采菊，他就得每月譯作淨五萬三千二百字。吃飯呢？要另外想法子生發，否則，他只好『餓來驅我去，不知竟何之』了。」

這篇文章是魯迅一九三五年寫的，那時候在上海租一間有小院的房子，月租一百兩，折合大洋一百四十塊，和北京一比，實在貴得離譜。然而，每月一百四十塊大洋還不算什麼，還得繳「巡捕捐」，也就是租界當局為籌措公共經費而徵收的房屋稅，由於最初是由巡捕上門收取，所以叫巡捕捐。稅率如魯迅所說，是房租的一四%，每月十四兩銀子，折合大洋十九塊六角，如果按購買力折成新臺幣，大約相當於一千九百塊[59]。

上海租界的房屋稅始徵於咸豐四年（一八五四年），也就是小刀會起義造成租界房市火爆的第一年。那時候，凡在租界內有房產的人，每個月都要向租界當局繳納房屋稅，按房租計算，稅率是房租的八%。假如房子完全自住，並未對外出租，租界當局會派人幫你估定一個理論上的房租（也就是假設你把房子租出去的話，每個月能收到的房租），然後按照這個理論房租的八%收取。比方說您在英租界有洋房一幢，理論房租是四千元大洋一個月，那麼每月要繳納的房屋稅就是三百二十元大洋。此後房捐屢有升降，截至魯迅寫〈病後雜談〉的一九三五年，稅率為一二%，另有二%的「附加捐」，加起來剛好是理論房租的一四%。

現今中國大陸只有重慶和上海開徵房屋稅，北京暫未開徵。當年魯迅在北京買房子的時候，北京也沒有開徵房屋稅，直到北洋政府倒臺的一九二七年，國民黨引入房屋稅，北京財政收入裡才有了房屋稅這一項。然而，由於北京房地產市場不夠發達，為每一間房子估定理論房租這件事在技術上很難實現，所以北京的房屋稅是按房屋類型和間數計算的：樓房每間每月大洋兩角，瓦房每間每月大洋一角，單層平頂灰房每間每月大洋五分。為了少繳房屋稅，北京市民投機取巧，本來是樓房的偽裝成單層平頂灰房上報，本來是兩間或三間房的屋子，偽裝成一大間。一九三一年，北京當局細化徵收辦法，規定了房屋高度和開間大小：無論單層或雙層，只要總高度超過四公尺，一律按樓房計算；無論大間或小間，一律按實測面積換算，每一百五十平方尺（約十七平方公尺，即五．一坪）算一間，不足一百五十平方尺算半間。

現今開徵房屋稅的重慶和上海，只是把這個所謂的「新稅種」看成是一種象徵性的調控手段，房屋稅在總體財政收入裡所占比例幾乎可以忽略不計，但是在一九三〇、四〇年代，房屋稅是各大城市最關鍵的財政收入。以一九三三年為例，北京市財政總收入四百二十萬大洋，其中光房屋稅就高達一百四十萬大洋，遠遠超過了農業稅和營業稅[60]。在上海，房屋稅更是大宗收入，從一九二一年到一九三六年間，房屋稅曾經占掉了公

趾高氣揚的房東和卑躬屈膝的房客。

共租界財政總收入的七五%，可以說要是沒有房屋稅，基礎設施就無法維護，社會治安就無法維持，燈紅酒綠的上海灘就會變成一座死城。在今天的歐美等國，房屋稅仍然是地方財政收入當中相當關鍵的一環，這和當年他們在上海租界的做法是一脈相承的。

和今天不一樣的是，民初政府和租界當局既向房屋所有人徵稅，也向租屋的房客徵稅，其理由是「房稅收入專為辦理公安公益，凡是此地居住的人都應出捐」[61]，意思是房屋稅主要是為了維持治安經費而開徵，而享受治安服務的不僅是屋主，房客亦然，因此房客也要納稅——與房東同時繳納，各自分擔應繳房屋稅的一半。

既然房客只需分擔一半房屋稅，那為什麼魯迅卻在文章裡說，身為房客，每個月要負擔一四％房屋稅呢？因為上海的房子實在供不應求，房東說話可以很大聲，硬把自己應該繳納的所有捐稅都轉嫁給房客，房客也只能敢怒不敢言，因為「滬上住宅，求過於供，一方面拒絕加租，另一方面有不惜重價以謀一席之地者」[62]，房東要你代繳房屋稅，你不願意的話，ＯＫ，那就拜拜了，排隊想租的人多著呢！

第四章

民初房荒和廉價租屋

十幾年前，我讀大學，同時為一家公司錄資料，夜裡下班，回去得晚，怕耽誤室友休息，在校外租房子住。那時候，裝修好的一房一廳社區大樓月租大約一千塊新臺幣，我租不起，只能去都市村莊裡找窩。所謂的都市村莊就是村民自建的筒子樓，樓高九層，沒電梯，每層都有十幾間，每間約九坪，外邊是臥室，裡邊是廚房和衛浴，若租高樓層，水電在外，一個月只要幾百塊錢。

我記得很清楚：每天晚上收工回去，借著街邊商店昏暗的燈光（村裡本來裝有街燈，不知讓誰家孩子用彈弓打瞎了），找到租住的筒子樓，對著黑魆魆的走廊入口咳嗽一聲，聲控燈才會亮。我住的那一棟年久失修，聲控燈很不靈敏，咳嗽得輕了，一點反應都沒有，必須攢足了勁猛咳。而且房東很小氣，把走廊轉彎處的每一盞聲控燈都調得只能亮幾秒鐘（比較省電），住在高層的房客晚上回家，如果沒有高超的輕身功夫和百米衝刺的速度，每爬一層樓都得咳嗽好幾聲。每天晚上八點到十二點，你會聽到此起彼伏的咳嗽聲，好像滿樓的人都得了哮喘。後來我怕把嗓子咳壞，借來一面銅鑼，晚上回去敲著鑼上樓：哐，一樓的聲控燈亮了；哐哐，二樓的聲控燈亮了；哐哐哐，三樓的聲控燈亮了……我住九樓，銅鑼響了二十聲左右就會突然停下來，表示我到家了。

您可能覺得這樣太自私，會吵醒別的房客，實話告訴您，即使我不敲鑼，改用咳嗽或擊掌的方式，一樣會吵醒別的房客。事實上別的房客上樓也會吵醒我，因為每個人都必須發出足夠大的聲響，才能讓聲控燈亮起來。可能有人會說：「你們就不會買個手電筒嗎？」是想買手電筒來著，可是房東不允許，他請風水先生看過，說這樓忌光，晚上走廊裡要是總有手電筒晃來晃去，會給他帶來血光之災。

對大多數不上夜班的房客來說，晚上照明不好也無所謂，只要白天採光好就行了。問題是白天採光也不好——這裡的容積率太高，全是「牽手樓」或「接吻樓」。換句話說，筒子樓和筒子樓之間挨得太近，假如一個叫小明的男生在張三家租房，另一個叫小芳的女生在隔壁棟李四家租房，兩人住的樓層高度相同，哪天一見鍾情，約會時根本不用下樓，各自走到走廊盡頭，打開窗戶就能激吻。棟距這樣窄，採光怎麼可能好得了？尤其是住一樓和二樓的房客，宛如住地窖似的。正因為這個緣故，高樓層的租金並不比低樓層低，因為運氣好的話，高樓層至少看得見太陽。也正因為這個緣故，低樓層的房客想晒被子，必須扛著被子氣喘吁吁爬到頂層的天臺上。小女生沒力氣，得找身強力壯的男房客幫忙，晒過幾回被子之後，愛情的火花砰然點著，本來各租一間的年輕男女很可能就搬到同一個房間裡去了。每當這種愛情發生的時候，房東就會很不高興：第一，他明明是幕後媒人（如果不是他把房子蓋得這麼暗無天日，女房客不可能會找男房客幫忙晒被子，兩人也就走不到一塊兒），可是人家並不領他的情；第二，兩位房客併成一家，總會空出一間房，在新房客入住之前，免不了得少收一段時間的房租。

現在回想起來，那時候的租屋環境實在差勁：照明差，採光差，空間局促，環境壓迫，住在那樣的房子裡，絕對談不上幸福。可能您又會說：「嫌差勁你別租啊，好房子有的是！」沒錯，好房子有的是，可是我租不起，身為半工半讀的低收入族群，只能在都市村莊裡租這樣差勁的房子。不光我，也不光那時候，包括民國初年，包括最近這幾年，凡是進城打工的年輕人與剛上班的大學生，只要錢包不鼓，只要沒有一個有錢的爹（或乾爹）可以啃老，哪一個不是租住在差勁的房子裡？

現今的例子就不說了，我們說說民國初年。

民初青年的租屋生活

民國十八年，上海，一個從政法大學畢業的大學生，在機關當小職員，畢業後好多年，一直買不起房子。他和師範大學畢業的妻子、孩子，只租了半間房子：他們住前半間，後半間住著一個自由撰稿人。換句話說，他們連一整間房子都租不起，還得和人合租[1]。與他們相比，我幸福多了，起碼當年租屋時，可以單獨租一整間，而且房裡還有廚房和衛浴呢。

民國二十五年，還是上海，一對新婚夫婦，男的正在讀大學，女的大學肄業，從寧波來上海定居，在德華里的一座石庫門租客廳（石庫門的其他房間如臥室、閣樓、亭子間、灶披間，都租給別的房客了），而且只租了客廳的前半間，準確地說，是客廳前面三分之二的地方。他們沒有衛浴，想上洗手間只能用塞在床底下的便桶代替。他們也沒有廚房，做飯的地方有兩個，一是樓下灶披間前面的空地，一是樓頂的天臺[2]。

以上兩個例子沒名沒姓，再舉個有名有姓的例子吧。

大約民國十二年，女作家丁玲那時還沒成名，在北京奮力打拚。她一個小姑娘，獨自在一棟名叫「通豐公寓」的筒子樓裡租雅房。那雅房的布置是這樣的：「床是硬木板子的床，地是溼溼的、發黴發臭的地，牆上有許多破破爛爛的報紙，窗紙上畫了許多人頭。」[3]與丁玲比，我擁有了優越感：同樣是租住筒子樓，丁玲的地板發黴，我的地板不發黴。

一年後，丁玲和男朋友胡也頻同居，仍在北京租房。他們收入很低，入不敷出，好一點的房子租不起，又總是夢想著能租到既便宜又舒服的房子，所以常常搬家。他們在西山租過農舍，環境優美，貼近自然，聽得到蟲聲、鳥鳴、駝鈴和母雞下蛋時的咯咯聲，房租也不貴（每月九塊大洋，按購買力折合為三千多塊新臺幣），就是謀生不方便（那時候郵政不發達，想投稿就得去市區）。後來又搬到市區，回到筒子樓裡租屋。再後來又覺得筒子樓不接地氣，又搬到大雜院裡去……為了租到合適的房子，這對小情侶跑遍了整個北京城，見到街邊的租屋廣告就「常常走到那些地方去參觀」[4]，看過之後只能歎氣：好房子多的是，可咱們租不起啊！

民國十七年，丁玲和胡也頻轉戰上海，上海的發展機會比北京多得多，可是房租也比北京高得多，為了省錢，他們和好朋友沈從文在法租界善鐘路合租一間房，沈從文睡床，丁玲和胡也頻睡地板[5]。後來丁玲在文壇一舉成名，有些髒心爛肺的傢伙揭她隱私，說她生活不檢點，既和胡也頻好，同時又和沈從文好，起因就是因為他們曾經一起合租房子。大學畢業那年，我也曾和人合租，對方與丁玲和胡也頻一樣是情侶，但是並沒有人說我們閒話，我想除了因為我不是名人，不值得讓人揭隱私之外，更重要的原因是我們合租的是公寓，我住一間房，情侶住另一間房，井水不犯河水，不像丁玲他們只能住在同一間屋裡。這樣比過之後，我又找到了優越感。

後來丁玲和胡也頻搬了出去，在上海永裕里十三號樓的三樓租屋，仍然是雅房，沒有廚房，那間房既是臥室，又當廚房。「煤油桶、米袋、打汽爐子以及大小碗盞，平時完全擱在床底下，需用時方從床底拉出，不需用時又復趕快塞進床底。」房間裡也沒有水龍頭，「為了吃飯，兩個人每天大約下樓提水六次。」甚至連一塊切菜的砧板都沒有，「用照相框的反面作為砧板。」[6]

必須說明，丁玲年輕時的租屋生活在民國初年絕非個案，沈從文說過：「有許多年輕人是那麼過下來，且如我們自己，也還得過許多年，且在一九三一年的今日以後，仍然還得在那種極類似的情形裡過日子。」我想改一下沈從文的後半句：「且在二〇一八年的今日以後，仍然還得在那種極類似的情形裡過日子。」我的意思是說，現在的年輕人和將來的年輕人在「成功」之前，照樣得經歷一段租屋生活。雖然整體經濟比當年繁榮了，生產力比當時發達了，我們租的房子比民初強些，但租房畢竟是租房。

民國大腕的租屋生活

民國初年有個和現今不一樣的地方：現代人只要努力工作，租屋若干年之後，多半都能在工作的城市買間房子；可是在民初，租屋生活極可能持續一生，或者雖然買了房子，但地點並不在工作的城市。

拿魯迅為例。魯迅一九一九年在北京買過一座四合院[7]，後來因為鬧家務，把宅子讓給了二弟周作人，前往磚塔胡同租屋暫住，並在一九二四年又買了另一座四合院（按《魯迅日記》，是一九二三年交定金，一九二四年付清房款並過戶）。一九二七年，他和許廣平定居上海，從此一直在上海租屋居住。

定居上海近十年裡，魯迅先後在三個地方租過房子，一是虹口橫浜路的景雲里[8]，租的是老式石庫門的亭子間；二是在北四川路，租的是公寓裡的套房；最後搬到靜安寺附近的大陸新村，租住獨門獨棟的洋房。

景雲里位於華界和租界的交界地帶，屬於半個租界，因為魯迅在這半個租界裡租亭子間，所以稱自己的住所為「且介亭」，一九三七年他在上海三閒書屋出版雜文集時，書名就叫《且介亭雜文》。您知道，「且介」就是半個租界的意思，「亭」呢，指的正是亭子間。

舊上海最常見的石庫門住宅是這樣的：馬路兩邊一排排小胡同（里弄），胡同兩邊一座座石庫門，推開任何一座石庫門的大門，首先會看見一個小天井，天井後面蓋著兩層或三層小樓，樓下是客廳，樓上是臥室，臥室上面還有一個人字形閣樓。想從客廳去臥室，或從臥室去閣樓，都要走樓梯，樓梯蓋在客廳後面，樓梯後面再搭建一個小廚房（灶披間），廚房上面再搭建一個小臥室，這小臥室就是亭子間。

在石庫門的所有房間裡頭，亭子間本來是比較僻靜的，適合從事創作。江南的巷子又窄又長，雨季一來，雨絲打在石板路的青苔上，唰唰唰，唰唰唰，極有詩意。假如再有悠長的叫賣聲傳進來，你充耳不聞，只管坐在亭子間裡構思文稿，想起「深巷一條春寂寂，賣花聲過不開門」的絕妙好辭，就更有詩意了。可是這樣美好的詩意和老上海的里弄似乎無關，因為弄堂裡住的人太多了，只會製造無邊無際的噪音。一九三五年，魯

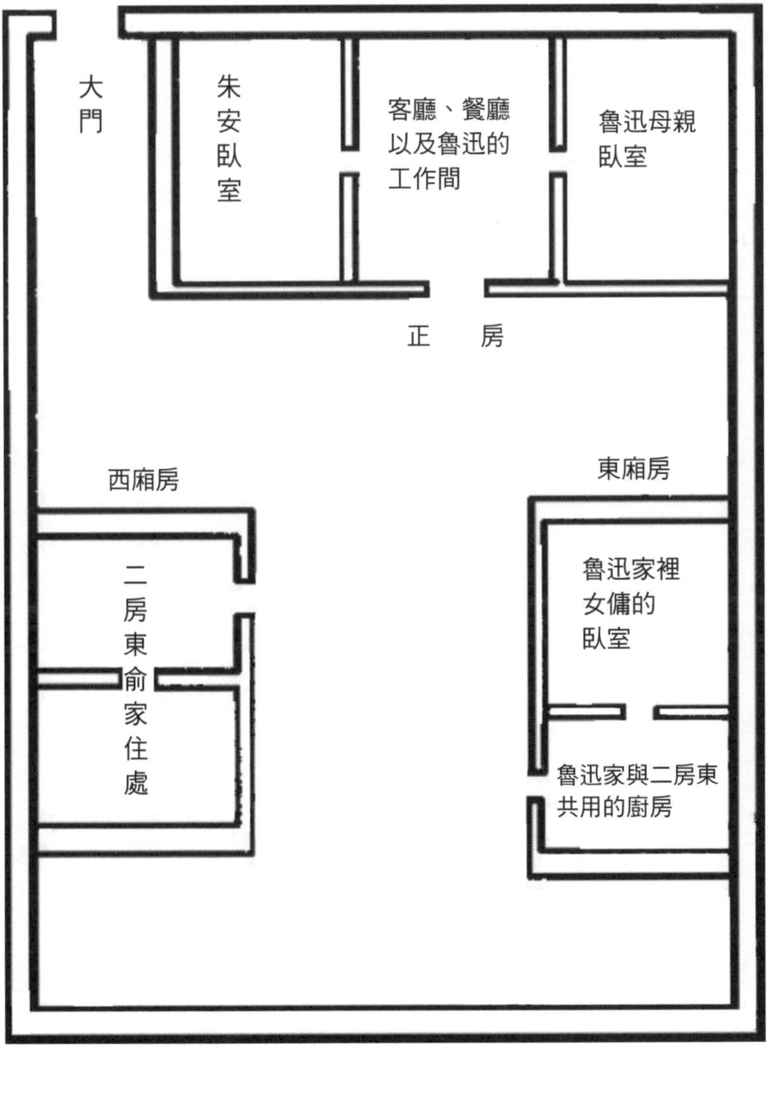

魯迅租住的磚塔胡同六十一號院平面圖，作者繪製。

迅寫過一篇〈弄堂生意古今談〉，描述的就是一九二七年到一九二九年在景雲里租住亭子間時的生活：總能聽見弄堂裡傳來的叫賣聲和稀哩嘩啦搓麻將的聲響，有時候化緣的和尚也會敲著鐃鈸闖進弄堂裡，乒乒乓乓地讓人不安生。

幾乎和魯迅同一時間，茅盾和葉聖陶也在景雲里租房，與魯迅是鄰居。當時他們都已是文壇名人，收入也不算低，可是因為上海房租太高，不得不在嘈雜吵鬧的地方安家。另外兩位名人梁實秋和郭沫若則和魯迅一樣，擁有租住亭子間的經歷。

比魯迅定居上海稍早兩年，郭沫若從日本來到上海，攜妻帶子租住亭子間，與石庫門裡的其他房客共用一間廚房和一個水龍頭，三姑六婆家長里短，鍋碗瓢盆叮噹作響，吵得他腦子疼。想寫作嘛，剛一動筆，孩子就哭，腦子裡亂打架。此外，他租的房子與另一家房東的房子挨得很近，「順手把西窗推開，對面鄰家的亭子間便現在眼前，相對稱的窗眼恰好正對。兩窗的距離不過六、七尺的光景，中間隔著一道與窗眼下緣等高的尺餘寬的粉牆。」[9]兩個窗戶相隔六、七尺，採光和通風肯定不佳，讓我忍不住想起當年在都市村莊租「接吻樓」的情景。只不過六、七尺的距離還是遠了些，手牽手還可以，想接吻是不太可能了，除非身手不凡，使一招「倒掛金鉤」，從窗戶裡探出大半身子。

舊上海的弄堂，Jack Birns 攝於一九四八年。

不曉得梁實秋是什麼時候在上海租亭子間，只知道他寫過一篇回憶雜文〈亭子間生涯〉：「廚房裡殺雞，無論躲在哪一個角落，都聽得見雞叫，廚房裡烹魚，可以嗅到魚腥，廚房裡生火，可以看到一縷縷的青煙從地板縫裡冉冉上升……」前面說過，亭子間蓋在廚房上面，假如樓板失修，孔隙夠大，廚房裡做飯，亭子間的房客肯定聽得見聲響、聞得到味道。

從今天的眼光來看，魯迅、茅盾、葉聖陶、梁實秋、郭沫若這些文壇名家的收入必定很高，就算不買豪宅，也不可能窮得去租亭子間。其實這些人的收入確實很高，可是在民國初年的上海，他們還是買不起房子，只能租，倘若再不善理財，手頭沒有很多積蓄，可能連稍大些的房子都租不起，當然就只能租亭子間了。這也進一步證明舊上海的居住成本實在是高得嚇人。

毫不誇張地說，一九四九年前租住亭子間的房客並非窮人，多半都是白領或中產階級。當時的人是這樣說的：「衣、食、住，住本居其次位，然以目前上海實情而言，則適為其反，初到上海人士，莫不以『住』為生活之嚴重一環，往往為『住』一問題弄得焦頭爛額依然毫無辦法。即久居上海者，除少數富有者例外，亦無不引以為苦。街頭所見西裝革履摩登男女，若能跟蹤隨往其寓所，則在半扶梯搭閣處，或在屋脊欹斜之處所搭閣樓間，殊非意外事。」[10]意思是上海房租太高，如果你看到定居上海多年的白領階層，一身名牌，打扮入時，卻租住在亭子間或小閣樓裡，那是毫不稀奇的。

南京的房荒

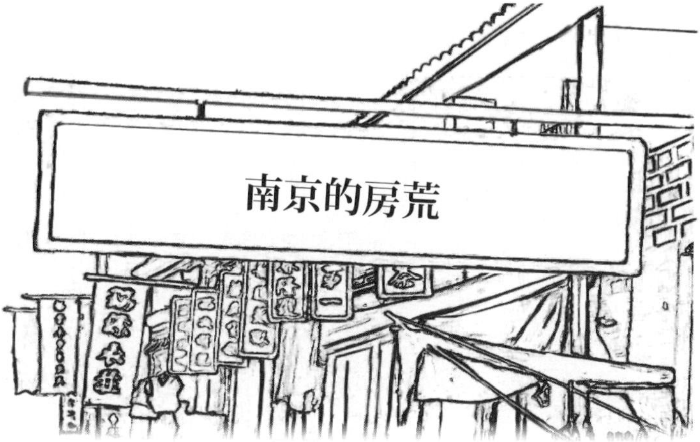

上篇我們只說了上海，沒提其他城市。事實上，住宅吃緊、房租高昂的城市並不只有上海，在一九二〇年代前後的廣州、日軍侵占後的北京、一九二七年遷都之後的南京、抗戰時的大後方昆明、抗戰時的「陪都」重慶、法幣嚴重貶值時期的杭州、國共內戰前夕的寧波，統統都鬧過「房荒」，其嚴重程度雖然比不上抗戰勝利後的上海，但也讓當時人發出了「地價房租飛漲不已，番禺居，亦不易」[11]與「通都大邑，房荒極為嚴重，公教人員及薪水階級最受威脅」[12]等哀鳴。

以南京為例，從開始遷都的一九二七年到全面對日抗戰前夕的一九三六年，平均每年都有一萬五千戶新移民在南京定居，房產開發遲滯加上銀行界和炒房客的囤積居奇，使得房價飆升，房租騰貴。截至一九三六年為止，南京常住人口超過百萬，其中近九十萬人都是租房子[13]。去老城區走一走，街頭巷尾到處貼著「餘屋招租」廣告，走進去一看，才知並沒有「餘屋」，一個占地兩分的小雜院，房客常常多達十幾戶人家，所謂「餘屋」只是二房東或三房東在院子裡臨時搭建的小窩棚而已。

在南京租屋的人有分等級，一等房客是高級公務員，薪水高，外快多，租得起獨門獨戶的住宅；二等房客是中下級公務員和事業小成的商人，可以在公寓裡租有廁所但沒浴室的套房；三等房客是小商販、打工仔、大學生、公司小職員，通常住在二房東分割出來像鴿子籠一樣的小間裡，「一間房間當中用木板一隔，就成為兩間小屋，往往只能放置一床一桌，租客再用木板隔成一室，以致更後進房客從前進房客臥處出入，有如行走在複壁之中。」[14]

由於房少人多，供不應求，房東的地位被抬得很高，導致某些變態屋主對房客提出種種苛刻要求，以此滿足控制欲。有一種要求由來已久，那就是租屋得有擔保人，光靠有效證件和押金不夠，而且擔保人還得是土生土長的南京人，必須有相當的身家才行。身為新移民，剛到南京人生地疏，去哪裡找擔保人？只有隨便找一家客店、零售小店或綢緞莊，送點錢給老闆，求得一張擔保文書，才能把房子租到手。一九二七年以前，

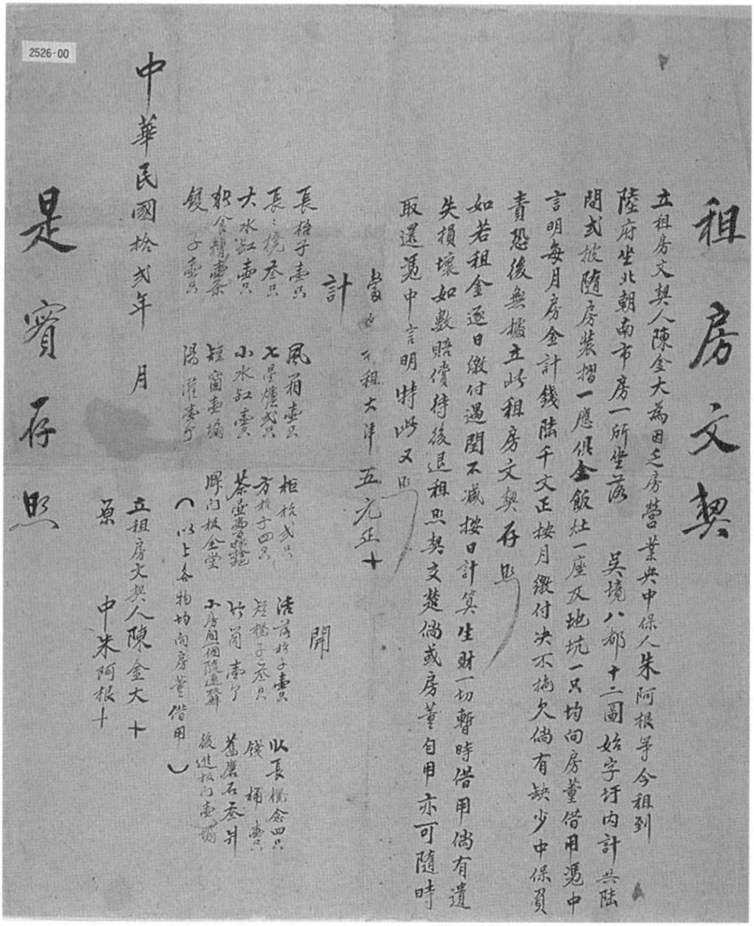
2526-00

租房文契

立租房文契人陳金大爲因之房營業央中保人朱阿根爭今租到
陸府坐北朝南市房一所坐落　吳境八都十二圖姑字圩内計共陆
間式披隨房裝摺一應俱全飯灶一座及地坑一只均向房董借用憑中
言明每月房金計錢陆千文正按月繳付決不拖欠倘有缺少中保負
責恐後無據立此租房文契存照
如若租金逐日繳付遇閏不減按日計算生財一切暫時借用倘有遺
失損壞如數賠償待後退租然契文送備或房董自用亦可隨時
取還憑中言明特此又照
當日付租大洋五元正十

計　開

長枱子壹只　風箱壹只　柜枱式只　洁桶枱子壹只　小長櫈念四只
長ゝ櫈叁只　七星爐式只　方枱子四只　短櫈子叁只　錢桶壹只
大水缸壹只　小水缸壹只　茶壺壹隻　竹篩壹只　舊磨石叁只
板食櫥壹架　短窗壹堵　屏门板全堂　小房间隔隨進舖　後進板门壹堵
鍋子壹只　湯罐壹只
（以上各物均向房董借用）

中華民國拾弍年　月
立租房文契人陳金大　十
原　中朱阿根　十

是實存照

需要擔保人簽字的租屋合約。

有些零售商店本來已瀕臨倒閉，卻因為能替大批想租屋的人做擔保賺錢，竟然又活了過來。由此可見，繁榮的房市果然能夠帶動其他行業。

有些房東更過分：不租給單身房客。因為在他們眼裡，男性單身房客都可能犯偷盜，女性單身房客都可能做私娼，所以只租給有家有口的人。許許多多的單身男女傻了，這下怎麼辦？只能合租，男的找女的合租，女的找男的合租，互不認識的單身男女冒稱小倆口，這樣才能租到房子。您知道，感情都是培養出來的，那些單身男女住在一起，時間長了，未必不會假戲真唱（《潛伏》裡的余則成和翠萍可以作證），本來冒充夫妻，結果真成了夫妻，相信是一件很有趣的事情。

本章開頭就說，我讀大學時在都市村莊租「接吻樓」，由於低樓層採光差再加上沒電梯，住在低樓層的小女生去樓頂晒被子得找男房客幫忙，幫來幫去可能就住在了一起。這正好和民初南京的情形類似，正是因為部分房東拒絕把房子租給單身房客，才有單身男女冒充小倆口，進而假戲真唱。從這個角度看，房東有時候也發揮了月老的作用。進而言之，房市不只能帶動零售業，還能帶動婚姻市場呢！

當南京住宅開始吃緊時，廣州的房荒也悄然出現。一九二八年，據廣州市土地局統計，全市八十多萬常住人口，「有業權者僅兩萬人」[15]，超過九七%的人口透過租屋或搭建窩棚的方式解決居住問題。而且在租屋人口裡，平均每月支付的房租會占掉平均月收入將近四成[16]！一九三四年，中山大學抽樣調查廣州市三百一十一戶工人家庭，發現這些人基本上都住在租來的房子裡，其中二〇%的家庭只租得起一間房，六、七口人擠在一房間裡吃飯和休息[17]。

幾年後，日軍大規模侵華，南京淪陷，重慶成為臨時首都，公務員、大學生和廣大難民源源不斷湧入山城，重慶也開始鬧起房荒。一九四〇年，冰心一家從昆明趕赴重慶，正趕上重慶住屋最緊繃的時期，五個人合租一間屋很常見，如果能租到一間兩房一廳的房子，哪怕與人合租，也是相當「奢華」的生活了[18]。

漢口的房荒則在辛亥革命後開始出現。關於這一點，透過底下這首〈竹枝詞〉就能看出來：「租界新添住屋多，人人僦寓避風波。房東也解君來意，任便加租莫內何。」說的是辛亥革命以後，旗人害怕漢人報復（這種報復是存在的，辛亥前後，成都、南京和杭州等地的「滿城」都發生過漢民報復殺人的事件），很多人拋售房產，離開原先的聚居地前往租界避難。一時間，漢口租界的租屋人口暴增，房東們任意加租以謀取高利。還有一首〈竹枝詞〉說的是漢口華界的住宅吃緊情況：「房租亂後更加增，各種捐輸又待征。始信長安居不易，恐防綿力未能勝。」[19]意思是辛亥革命以後，華界的房租漲得更快了，新政府又加收各種捐稅，房客們莫不感到居住大不易。

民國初年的各大都市裡，北京的居住成本向來是最低的，但魯迅第二次在北京置產時（一九二四年），北京的房價和房租也比民國剛建立時上漲了好幾倍。究其原因，還是因為北京是首都，很多南方人前往北京就職，房少人多，居住成本自然上升。有人慨歎：「現在北京的房價可了不得了，簡直漲得沒有王法了！在前幾年是一年一漲，這二年可好了，半年一漲。要照這個鬧法兒，這簡直是不叫下等人在北京裡頭住了。」[20]好在北京的住宅吃緊情形時間不長，北洋政府垮臺，國民政府遷都到南京之後，北京成

搭乘計程車出遊的大學教授，刊於《燕京畫報》一九三三年第二期。

了北平，首都成了故都，人口呼啦一下子少了一半，房價立馬降了下來，很多房子減價出租都沒人上門。

當然，一九三七年北京淪陷以後，由於日本鬼子在京郊四周的燒殺搶掠和日本僑民的進駐，北京人口再次暴增，房租再次上揚，短時間內出現了一房難求的局面，房產仲介到處尋找房源，房荒再度出現。淪陷期間北京房荒的詳細情形在前面的〈用刺刀把房價挑起來〉一節已經講過，這裡不再重述。

遷都以前的北京房價 21

－現在北京的房價可了不得了！

－可不是嗎，簡直漲得沒有王法了！在前幾年是一年一漲，這二年可好了，半年一漲。要照這個鬧法兒，這簡直是不叫下等人在北京裡頭住了。

－現在的房價固然是漲得了不得，可是房價所以增高的緣故，是不能沒有原因的。您是北京生人，對於北京的情形一定是熟悉的，究竟房價是因為什麼成了這個樣兒呢？

－北京的房價在前清光緒二十六年前，本不甚貴，上等房一間不過五、六錢銀子，中等房五、六吊錢，下等房兩、三吊錢。到了光緒二十六年後，房價可就有點兒抬高了，所以抬高的緣故，是因為北京使館擴充租界，把正陽、崇文兩個城門中間的房子拆了有一萬多間，這才把房子給擠得貴了點兒了。到了宣統年間，忽然間房價可就起來了，在那個時候雖然比從前貴了，可是上等房還不過一元五角，中等房不過八毛，下等房不過四、五吊錢。這次房價又漲的緣故是因為南省入在北京謀事的慢慢的多了。到了民國元年，房價又稍微的低落一點兒。到了民國二年，房價可又漲起來了。

—這又是因為什麼呢？

—這是因為政府的人物全換的是南省人，所以謀事的也全是南省人，北京城的這個地方忽然加上這麼些個南省人要在這兒住，您想人多房少，房價怎麼能會不特別的貴呢？

—這二年以來更是不得了，聽聽房價簡直都沒了情理了，萬想不到的是沒情理的房價竟會有人承租，租房的人這麼一破大價兒，有房子的主兒可就更要訛人了。

—難道說北京的房價到處都是一樣嗎？

—那不能，以東城而論，東四牌樓以南是上等，東四牌樓以北是中等，北新橋以北是下等。西城的房子本沒什麼價值，因為有總統府的緣故，房價也就跟著起來了。西單牌樓以南是上等，西四牌樓以南是中等，西四牌樓以北是下等。前三門外頭是不用說了，房價更是了不得。總而言之，現在的房價是由一塊錢起碼，貴的四、五元不等。城裡頭這麼一搗亂不要緊，城外頭的房子也全都漲起來了。城裡頭的窮人因為房價太貴，拿不起那麼些個房錢，所以才搬到城外去，沒想到搬的主兒太多了，房價也就不得了了。城外的房子雖說不能一塊錢一間，原先三吊錢一間的房子現在已然漲到十吊了。還有一層可慮的事情，聽說政府要實行房捐，這件事如果辦成了，房價一定是還要往上漲，這就應了羊毛出在羊身上的那句話了。

—昨天我看見報上市政公所要在各區裡蓋房，租給窮人住，若真能那麼辦起來，房價一定是可以落點兒吧。

—這個法子很不錯，就怕他們不辦。就是辦了，還怕他們鬧毛病。所以是蓋不如不蓋了。

紐約也在鬧房荒[22]

最近兩年，紐約始終在鬧公寓荒，否則在那邊，公寓很多，隨時有空屋出租，而今任何公寓均住滿房客，欲租空屋，休想覓得。公寓好像下了戒嚴令，四周圍以障礙物，新房客非請莫入，覓屋之難，甚於中國各大都市。

主要原因，是為大批復員軍人帶了海外新娘，凡家無住宅的，每借公寓作家。勝利後不到兩年，紐約的公寓，所有的空屋，早被這些先回來的新夫婦住滿了。

然而復員軍人帶有海外新娘而回國的，迄今並未中止，每一艘輪船至少則載幾對來。他們到了紐約，找不到公寓作新房間，當然是個嚴重的問題。紐約房屋管理委員會看到這點，為解決公寓荒起見，曾將隔科斯山及斯丹島上的兵房暫作軍人夫婦借居之用。可是復員軍人愈來愈多，粥多僧少，正和公寓一樣，先來的捷足先登，後來的遲了一步，落個空。

美國研究家庭問題的里特夫婦，看到房荒問題的嚴重，便設計一種小型的公寓，建築費每間房需要美金七百元，任何復員軍人都可合資或獨資築造。圖樣打了出來，便引起一般旅館老闆爭相購地建築，先頭的幾批已如期落成，後來的正加工趕造。在如此情形下，紐約的公寓荒在不久的將來或可解決，而海外新娘隨愛人到美國，也可不用憂慮無屋可住了。

這種小型公寓占地不廣，建築實行簡化，內部卻很雅致。成L式會客室，餐廳、臥室都合在一起，占地十一英尺乘十四英尺半。所有報紙雜誌都放在牆壁的架上，箱籠亦然，使其不占地位。但餐桌並不小，可坐十到十二人。兩張沙發，白天坐人，晚上合起來當作床用。一切器物都經特殊設計，依了屋子實行簡化。

由於住屋吃緊，一些在大城市定居且受過新式教育的年輕夫婦開始選擇節育。不信您重溫夏衍的經典話劇《上海屋簷下》，分析分析劇中人物的家庭結構：

劇中總共五戶人家，租住在舊上海同一座小型石庫門屋宅裡，租前樓的交際花施小寶結婚好多年，一直沒打算生孩子；租閣樓的報販李陵碑有過一個兒子，死了，後來沒再要；租閣樓的小職員黃家楣只生了一個兒子，沒有女兒；二房東林志成呢，也是只有一個孩子；整座石庫門裡，只有租住灶披間的房客趙振宇夫婦生了兩個小孩——頭胎是兒子，隔了八年之後，才敢再生一個女兒。

可以這樣說，在《上海屋簷下》這齣戲裡，除了趙振宇一家，每一對夫婦都只生一個孩子。

假如把生了兩個孩子的趙振宇和選擇當頂客族的施小寶平均一下的話，五戶人家五個孩子，剛好一家一個。

為什麼這些已婚的劇中人物要嘛不生孩子，要嘛只生一個，最多只敢生養兩個呢？也許您可以解釋說，《上海屋簷下》是文學，文學源於生活又高於生活，夏衍讓劇中人物生養的孩子少一些是為了劇情需要。那麼再讓我們看一組統計資料：民國十九年第一季，在戰爭和瘟疫都還沒爆發的時候，上海的生育率已經低於死亡率〇．六個百分點了，當時全市超過四五％的育齡女性都選擇只生一個孩子或不生孩子。這組資料刊登在南京國民政府主計處的《統計月報》上，而且給了解釋：生育率下降主要不是因為政府提倡節育[23]，而是受到生活成本太高的影響——上海正鬧「房荒」，老百姓租屋難，買房子更難，為了不讓下一代也擠在兩坪多的小單間甚至小窩棚裡受罪，受過新式教育的年輕夫婦不得不選擇節育。

民國初年若想節育，技術手段是允許的。都市男女可以花八角大洋買一只子宮帽，也可以花八分大洋買一個安全套（小報上叫「如意袋」）。要是買這些嫌貴，請老中醫配一種湯劑，生木耳加土茯苓，服用幾次，終生不育（這是過去妓院裡流行的方子）。還有瘋狂的傢伙到新式醫院請大夫用X光照睪丸，據說這樣可以讓睪丸失去造精功能[24]。

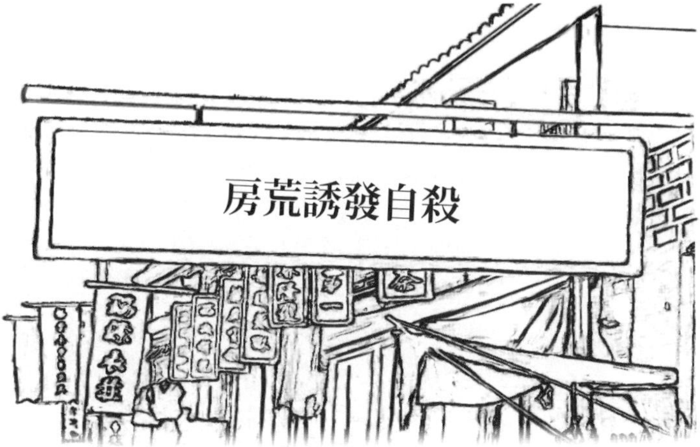

房荒誘發自殺

居住成本居高不下，不只讓都市男女選擇節育，還讓某些精神脆弱的年輕人選擇了自殺。例如一九四七年九月，一個從崇明到上海謀生的青年，名叫陸阿根，在上海打拚多年，一直買不成房子，後來因病失業，付不起房租，既無顏回鄉，又不願露宿街頭，頓起厭世之念，投河自殺[25]。

在民國初年的上海，因為無處安身而投江自殺的人應該不止一個，因為有段時間每晚八點都有員警在黃浦江邊巡邏，「凡遇有形跡可疑，神色沮喪者，詳加盤問」。上海市政府還在「歷年投浦較多之岸沿，樹立自殺警告牌，警醒世人」，警告牌上寫著八個字：「死不得的，快回頭去！」[26]這樣的牌子在徐家匯、曹家渡、寶山路口、大統路口、豫園、小東門、中華路與肇嘉路交叉口都有，您要不信，可以問問那些年過九十歲的老上海人。

我不是老上海人，今年也不到九十歲，自殺警告牌只在史料裡讀過，沒親眼見過。想像起來，它應該像現在中國大陸強拆民宅的官員製作的橫幅：「拆遷為民，自焚可恥。」或者換句話說，這種橫幅應該算是新時代的自殺警告牌吧。

客觀分析一下，當時的人之所以自殺，也不一定全是因為買不起房或租不起房，悲觀厭世似乎就是那時候的主流風氣。翻翻民國初年的報紙副刊，版面裡黑暗、鬱悶、悲憤和絕望的灰色調非常明顯，瀟灑如徐志摩都絕望地寫道：「前面是什麼？沒有別的，只是一張黑沉沉的大口，在我們運定的道上張開等著，時候到了把我們整個的吞了下去完事！」[27]曹聚仁則寫道：「近來在深夜黃昏，我常痛哭，痛哭我自己的前途，痛苦人世的寂寞。我自己真沒一些勇氣再在人世經歷。」[28]連曹聚仁九歲的女兒都說：「活在世界真苦，真無趣，我們還不如死的好！」

其實真正應該悲觀厭世的人，不是徐志摩，也不是曹聚仁和他女兒，畢竟他們還租得起房子[29]，還吃得飽飯。民國初年，只有農民和農民工，才有資格說絕望。

民初的農民很苦的。中原地區的自耕農耕種著肥沃的土地，免不了忍受饑餓，平常人家一天只吃兩頓飯，早上小米稀飯，晚上地瓜稀飯。佃農更不用說，一畝高產水田打兩石糧食，得繳給地主一石兩斗當地租，剩下的糧食還得支應兵差、繳人頭稅，一年能吃上一回肉的家庭非常少見[30]。江南地區的農民原本少見饑饉，後來因為軍閥混戰，田地成片拋荒，不拋荒的就得負擔沉重的賦稅和勞役，有些人交不起農業稅，被官府「一長串地押進看守所去」[31]。

農家幾乎都缺錢，郁達夫暢遊浙江名勝的時

候，在一個村莊的簡易診所裡見過一個衣衫襤褸的農婦，她兒子罹患瘧疾，卻連六個銅板一包的金雞納霜都買不起，六個銅板折合大洋兩分錢，按大洋在浙江農村的購買力，這幾個銅板只相當於五塊錢新臺幣左右。從江蘇宜興到上海的長途汽車早已開通，坐一里路只需要三個銅板，僅僅為了省下那一點點路費，村民們去上海打工，寧可搖著船去，沒船的就步行，以至於京杭公路上總是會見到藍布包頭、長途跋涉的農民。他們寧可花力氣也不願花錢，因為「錢是鄉間最缺乏的東西，窮是農村的全貌」[32]。

即使是北京城郊的農民們也沒有好日子過。燕京大學附近的掛甲屯有百戶村民，全年從不吃肉的占了八十七戶，這些農民不是喜歡吃素，而是吃不起肉。當時市面上一條新被子賣八塊大洋，一條新褥子賣四塊大洋，一尺新洋布賣一角二分，大多數村民卻仍然無力購置。衣服和被子爛得沒法再縫時，就去舊衣店裡買二手衣服。掛甲屯離市區很近（現在已經劃為市區），四周全是公路，人力車、驢車、馬車和敞篷汽車都很常見，但村民外出仍以步行為主，除非不得已，一般不肯花錢雇車。即便如此節儉，還是有將近三分之一的村民欠地主錢[33]。

對於中國的農民，美國人何天爵做了比較客觀的評價：「廣大的民眾仍然處在異常貧困的狀態，那種貧困狀態我們幾乎無法想像。如果把美國與中國做一對比，那麼，美國的人均財富占有量一定是中國人均財富占有量的許多倍。因此，同樣是『貧困』兩個字，在美國和中國的含義大不相同。在美國，當一個人每天掙的錢，比方說，只有兩美元，卻要養活一個家庭時，我們才說他很貧困；而在中國，一個每天掙兩美元的人將被視為不啻在花天酒地中生活。在美國，如果一個體力勞動者不能使他自己和他的家人每天吃上兩次肉，那麼這家人就會被視為度日艱難，陷入赤貧；而在中國，雖然肉類比在美國便宜得多，可是在那裡即使是被認為報酬相當不錯的體力勞動者，他每個月也吃不上一斤肉。在美國，貧困只是意味著生活沒有達到異常豐富奢侈的程度；在中國，它雖然不是指近在眼前的被餓死，但也差不多。」[34]何天爵說的是晚清，但把這些話放到民國初年，仍然很貼切，甚至比晚清還要貼切，因為晚清時農村雖窮，內戰卻不多，不像民國初年戰亂頻仍，土匪橫行，使農民生活變得更加艱難。

饑寒交迫的民初農村

前天一個住鄉下的學生[35]寫信給我：「現在我的鄉村破產得不成個樣子，整日裡聽不見別的，只聽得這家賣宅，那家賣地，因為這年旱災、蟲災弄得五穀不收，人民衣食不足。就我們本地說，每年每畝地應攤的官稅、私稅不下一元多錢，你想衣食都不充足，這些錢向哪裡去出？典地當土，沒有人要，有的把自己的女兒賣了，有的逃債不敢回家。有一個名詞不知老師聽說過沒有，就是報鼓，這是說負債還不起，把自己所有的一切全部賣出，最後請債主們一桌客，還不清的也就算了。這報鼓的事我鄉下常有，快到過年的這幾天更厲害。再者，過年過不去的窮人有的上了吊，有的花五、六分利取錢。我家經濟破產，下學期我爸不讓我再幹了，我一直哭了三天也沒法。老師，你想想這是個什麼世界啊！」

民初農村有多苦

農民在農村活不下去，只有進城尋找活命的機會。浙西農村早有民謠：「三升糙棉紙，三升西瓜籽，要是過得好，蓋房造屋子，要是過不好，上海拉車子。」[36]意思是如果守在農村養蠶種瓜難有出路，那就去上海拉黃包車好了。黃包車夫在上海完全屬於低收入階層（除非像顧竹軒那樣從黃包車夫轉型為黑幫老大），還老挨巡警的打，可是若與在家務農相比，拉車就是一份上等的好工作了。

除了拉黃包車，當保姆也是讓江浙一帶農民羨慕的好工作。沒錯，民初保姆薪水極低，但管吃管住，工資發多少就能攢下多少，像魯迅家保姆那樣的薪水，每個月兩塊大洋，一年下來就是二十四塊大洋，在鄉下種田，一年辛苦到頭，賣了糧食賣了蠶繭，到手的無非是一包銅板，哪

進城拉車的農民，荷蘭記者 Ellen Thorbecke 攝於一九三四年。

有幾戶人家見過二十四塊大洋啊！若碰上出手大方的雇主，過節有紅包，送客有打賞，收入就更可觀了。民初時，蘇州農民管去上海當保姆叫做「吃人家飯」，要是誰家女兒去上海「吃人家飯」，大家就說她「享福去了」，哪天這女孩捎信說要回家探親，全家人都會早早去碼頭迎接，因為她能揣著大洋回來[37]。您瞧，保姆這份在大城市裡差不多算是領取最低薪資的工作，卻被農民這樣高看，可見城鄉收入的差別有多大，農民在家鄉務農的收入有多低。

民國初年幾個大城市的人口增長如此之快，其中一個重要原因就是農民為了尋找活路，離開了土地，湧進了城市。據統計，直到抗戰前夕，前往南京市區謀生的農民就有七十多萬人，前往上海市區謀生的農民有一百多萬人[38]。全面抗戰以後，由於日偽軍隊和小股土匪在鄉間橫行，農民們依然不斷湧入城市。以天津為例，光是一九三九年一年內就湧入了農民十三萬人[39]。汪精衛偽政府也承認，「戰事發生，鄉村人口多集中於都市，原有房屋供不應求。」甚至到了國共內戰時期，農民進城的速度和規模在某些城市仍舊有增無減，比如共軍和國軍在東北激戰，戰區內的老百姓多把天津當成避難所，「東北來津的難民一天多似一天，東車站上蔚為一幅流民圖。」[40]

農民大規模進城，必然造成城市的土地緊繃、住房吃緊。還有一個原因：進城的農民未必都是農民工，其中還有相當一部分是農村的大地主，他們有的是為了躲避戰亂，有的害怕土匪綁架，有的擔憂共產黨軍隊「打土豪分田地」，因此紛紛往大城市轉移[41]。這些人在轉移時都攜帶了巨額資產，不是在租界租房定居，就是在華界買屋落戶，進而也就把城市裡的房價和房租抬得更高了。

貧民窟遍地開花

大部分農民進城以後，只能從事一些低收入的工作（當然，這只是相對城市裡其他工作而言，與在家鄉務農比，收入還是很高的），例如當保姆、拉黃包車、進工廠當工人、去工地或碼頭當苦力等，然而，城裡的房價和房租居高不下並日見飆升，農民們自然買不起也租不起，又不能把農村老家的房子背到城裡來，只好在鐵路兩邊、城牆根下、臭水溝旁或垃圾場上見縫插針地搭建起小窩棚，於是，中國式貧民窟出現了。

在今日的中國大陸，農民工為了節省房租，自己搭建窩棚甚至露宿街頭的人並不鮮見。但與民國初年不同的是：現代農民工大多是季節性的，遇到農活太忙時，仍然會返回村莊，他們的窩棚「壽命」不長。可是在民國初年，農村基本上是破產的，農田已成雞肋，碰上收成不好或農

上海浦東的貧民窟，喬治．斯威爾攝於一九三八年。

產品價格下跌時，與其種田還不如不種，因為賣糧食的錢連繳納捐稅都不夠。換言之，大多數農民進城的同時，也就宣告了農田的自此荒蕪。對這些農民工來說，已經沒有農忙季節了，從此他們將在大城市裡一直定居下去，除非碰到強拆或生活改善，他們的窩棚也將一直存續著。

不誇張地說，民國初年每一個大城市都有大量的農民工、大量的貧民窟。以漢口為例，這座工業城市的府西二號路、府西三號路、濟生庵、辛壬庵、東山里、市府路一帶都有農民的窩棚。據漢口市公安局統計，市區共有窩棚一萬二千七百五十六所，住了農民工近八萬人[42]。再以南京為例，據首都員警廳一九三六年統計，全市「棚戶」多達二十五萬人，在中華門外、金川門外、文昌橋、武學園、莫愁湖二道埂子等處，密密麻麻的窩棚宛如放倒的蜂窩[43]。而在上海市區，竟有超過百萬的貧苦農民與失業人口住在貧民窟裡[44]。

在黃浦江碼頭抬棉花的苦力，Jack Birns 攝於一九四八年。

飛簷走壁和穿牆術

無論上海、南京還是漢口，城區裡搭建的貧民窟窩棚都極為簡陋。磚木結構或混磚結構肯定是見不到的，因為隨著房價的上揚，建材價格同樣瘋狂上漲[45]，對身無長物的農民來說，在城裡買磚蓋屋絕對是個遙不可及的夢想。農民工蓋房子，用的是河溝裡掘出的黃泥和從老家帶來的蘆席，把黃泥夯築成牆，把蘆席往上面一蓋，向陽那一面留出一道入口和一扇窗戶，房子就算大功告成。

前面說過，有些農民工當初進城時是搖著船來的，進城後，船沒用了，拖到岸上，四根竹竿支起一個天棚，把船罩起來，一家老小就能在這「旱船」裡落腳，連房子都不用蓋。

大城市的土地寸土寸金，肯定無法隨意搭建窩棚，大夥只有在垃圾場、臭水溝與戰爭結束後遺留下來的建築廢墟上安家。定居在這些地方，排水和衛生都成問題，雨季汙水橫流，床板潮得能長出磨菇，旱季蚊蠅遍地，綠豆蠅多得能把人撞倒。

有的農民工沒有「旱船」，也找不到泥土，牆築不起來，就找舊木板代替，薄薄的木板牆一拳過去就能打出一個窟窿。假如農民甲與農民乙有仇，只需要探清楚乙的床位所在，晚上趁他睡著時，從牆外往裡捅一刀，哧的一聲輕響，木板牆被穿透，緊接著啊的一聲慘叫，乙已斃命。

今天上海市的天目中路以北、大統路以西，早先原本有一塊占地九十畝的垃圾場，抗戰前，從蘇北到滬謀生的農民從家鄉運來毛竹、蘆席和篾片，把毛竹烤彎，插在地上，搭出一個拱形的架子，上面蓋上蘆席，周圍捆上茅草，向陽的一面割出門來，地上鋪塊爛棉絮，就是一家人的住所了。這種簡易窩棚俗稱「滾地龍」，高度僅到成年男子的腰部，進進出出必須深深彎腰，夜裡回去瞧不見入口，一不小心就會穿牆而入，彷彿學了穿牆術。

廣州東郊的青菜崗、重慶的解放碑後、杭州的甘露寺前、青島的台西鎮海灘，也都曾經有一眼望不盡的貧民窟，彼此挨得很近（土地吃緊，有時就算在垃圾場上搭建窩棚也得繳納地租，所以人們盡可能把窩棚蓋得稠密些，以便對得起交付的地租），如果你

河濱一側的貧民窟，Jack Birns 攝於一九四八年。

站在張三家的屋頂上，想到隔壁李四家的屋頂上去，根本不用助跑，一抬腿就邁過去了。武俠小說裡描寫的飛簷走壁功夫只有大俠做得到，但在民國初年的貧民窟地區，人人都能飛簷走壁，因為窩棚的間距夠窄。只不過，要是真想在屋頂上飛簷走壁，恐怕還得做到身輕如燕——屋頂太薄了，承受不了太多重量。

裝不起自來水

住在貧民窟裡，用水也是個大問題。

民國初年很多城市都已有自來水廠[46]，想安裝自來水，交錢就行。譬如魯迅在北京西直門內八道灣胡同買了房子以後，花了一百一十五．一塊大洋以解決用水問題（詳見第三章〈從魯迅買屋看民初房市〉）。問題是農民工可不像魯迅收入那麼高，他們去哪兒找一百多塊大洋？

在上海安裝自來水比北京還貴。你若住在公共租界，安裝自來水得向「上海自來水有限公司」提出申請，獲得批准後，得先繳納二十四塊大洋的保證金，自來水公司才會派人來鋪設管道，但管道的費用還是由你出，就算是最細的四分管也要一百一十塊大洋。保證金加上管道費用至少就是一百三十四塊大洋，然後還得繳交水表月租費，四分管每月四角大洋，六分管每月五角大洋，每隔兩、三年還得再繳一次檢驗費，每次五塊大洋。至於主角水費嘛，按加侖計算，每一千加侖要價〇．七五元，等於每噸近兩角大洋，折合新臺幣約十九塊（上海物價高，銀元購買力低）。

這麼多重的收費，這麼貴的價格，農民工負擔得了嗎？絕對負擔不了。所以他們不裝自來水，平日用水就去河裡挑，或者幾戶集資打一口淺井，或是收集雨水來飲用。民國初年那些工業發達的城市已經有很明顯的水汙染，河水、雨水和淺層地下水都不衛生，時日一長，會帶來很多疾病。

魯迅在上海定居時，曾為窮人抱不平：「大約是西洋人說的吧，世界上窮人有分的，只有日光、空氣和水。這在現在的上海就不適用，……裝不起自來水的，也就喝不到乾淨水。」[47]依我看，他說的「窮人」，主要就是指農民工。

裝不起自來水，住簡陋的窩棚，是不是最苦的生活呢？不是。更窮的人連窩棚都沒有，夏天露宿街頭，冬天花幾個銅板住最廉價的旅館。

我翻過一九四八年四月十八日的《申報》，報上說東北難民逃進天津後，天津居住成本更高了，很多打零工的人沒地方住，只好去「三不管」地帶住廉價旅店。一般是客房三大間，中間打通，沒有床，更沒有被褥，店老闆沿著四面牆根各挖幾十個窟窿，晚上民工來住，把身子放進窟窿裡，頭留在外面，小夥計拿著大鏟子往窟窿裡填沙子，填實之後，再把留在外面的腦袋埋上，只留口鼻在外。

像這樣拿牆窟當床，拿沙子當被，有些睡覺不老實的哥們兒在睡夢中一個蟒龍大翻身，沙子塞住口鼻，頓時呼吸苦難，窒息而死。天明時，

露宿街頭的貧民，Jack Birns 攝於一九四七年冬。

小夥計只得往外抬屍體，豎著進來，橫著出去，一個大活人就這麼睡死了。金庸武俠小說裡小龍女住的地方叫「活死人墓」，我給民初天津這種廉價旅店取名叫「活死人店」，意思是活人在裡面住一夜，第二天可能就成了死人。

與寒冬臘月在街頭凍斃的「路倒」來說，能在「活死人店」裡住宿還算是有福的。「路倒」之所以成為「路倒」，首先是因為沒房子住，沒有窩棚，也沒有「活死人店」，只能露宿街頭，在寒夜的低溫中沉沉睡去。房荒最嚴重的時候，每個城市都能見到一些「路倒」。抗戰時的重慶「房屋恐慌，已達絕頂，年內有五千六百三十二名無告同胞路斃。」[48]抗戰勝利後的廣州，「自一月至八月，路屍達七千二百餘具，天寒地凍，貧病者更難存活。」[49]

軍閥的不動產

廣大農民工和城市赤貧戶無房可住的同時，軍閥和高官們卻坐擁豪宅，房子多得可以成立一間大型房地產公司。

比如說，曾任大總統的曹錕，光在天津租界就有房產五千間，在天津小站還占了整整一萬畝土地[50]。另一位大總統馮國璋在房產上稍稍遜色，在京、津兩地總共只有房產一千多間，但他在江蘇省內還有七十萬畝耕地，在河北興隆、遵化和夾山則各有一座金礦。「東北王」張作霖對住宅興趣不大，比較熱衷於「收藏」商店，在瀋陽、營口、哈爾濱這三個城市都有商業地產，其中僅哈爾濱「廣源盛」號就有樓房七百間、平房三千間。據說張作霖在瀋陽共有樓房十幢，平房四〇九間。直奉戰爭後，他駐軍北京，買下了順承王府[51]。他在天津也有別墅，末代皇帝溥儀在天津日租界避難時，經常去張的別墅做客[52]。

孫中山先生早就說過：「十幾年以來，一幫軍閥官僚，像馮國璋、王占元、李純、曹錕，到處搜刮，所發的橫財每人動輒幾千萬。他們因為想那些橫財安全，供子子孫孫萬世之用，也是存入外國銀行。」

軍閥發橫財、把橫財存進外國銀行，這些說的都對，不對的是橫財的數目——孫先生低估了軍閥的搜刮能力。事實上，馮國璋繼袁世凱之後就任大總統，短短幾年就暴富成身家「數萬萬」，也就是好幾個億的大洋，要是按購買力折合成新臺幣，至少幾十個億。後來徐世昌任大總統，身家也是「數萬萬」。相比之下，曹錕稍嫌遜色，他曾向吳佩孚透露：「鄙人經營數年，不過賺得五千萬耳。」[53]意思是嫌少。不過，曹錕說這話時還只是直魯豫巡閱使，後來他經由賄選當上大總統，貪汙能力更上一層樓，身家肯定不亞於馮國璋和徐世昌。

北洋軍閥則是從來就不乾淨。他們的開山鼻祖袁世凱初任大總統那一年，就把五國借款的結餘——大約二千萬大洋——撥到了自己帳上，存進一家設於青島的德國銀行。據說袁世凱和人打牌，對方變相行賄，故意輸掉，把北京城內一幢價值四十萬大洋的別墅輸給了他。民國初年的北京房價低廉，花幾千大洋就能買下一座大型四合院（參見第三章〈從魯迅買屋看民初房市〉），袁世凱打牌「贏」的那幢別墅，估計占地得有幾十畝，房子得有上千間吧？

專制社會缺乏制衡，掌權者來錢之易，遠遠超過比爾．蓋茲（Bill Gates）。且不說袁世凱打牌贏別墅、馮國璋以總統身分販售鴉片、徐世昌貪汙軍隊撫恤金，單是曹錕過一次生日，口袋就能賺入百萬大洋。話說一九二一年曹錕在河北保定過六十大壽，各部總長、各軍總長、國會議員、省參議員、海陸軍高級軍官、河北河南兩省富商、梅蘭芳、富連成、楊小樓、尚小雲等明星名人，無一不備足厚禮奉送，「所收禮物總價相當於中人之產千餘戶」[54]，真是厲害。

北洋軍閥裡唯一稱得上清廉的，恐怕只有國務總理段祺瑞一人。此人不貪汙，不受賄，不收禮，不涉足房地產，下野以後，信佛，吃素，讀經，參禪，儼然世外高人。別的軍閥狡兔三窟、豪宅如雲，他下野後連個窩都沒有，在天津和上海隱居時都得租屋。

然而，段祺瑞的清廉同樣經不起調查。有知情人士揭露，「天津租界之巨宅，北京春華茂錢店，皆芝泉產業」[55]，都是段祺瑞任國務總理時收購的，只不過用的是親戚的名字。在租界買豪宅，在北京開錢莊，非巨富不能辦，試想一下，段祺瑞又沒有幫路易威登當代言人，要是真的只靠薪水吃飯，哪來那麼多錢！

富商的不動產

作家陸文夫寫過一部《美食家》，主人公叫朱文治，蘇州人，蘇州有一條巷子，巷子裡所有房產都是朱文治的私產，所有住戶都是朱文治的房客。朱文治為什麼會有這麼多房子？因為「他父親是個很精明的房地產商人，抗日戰爭之前在上海開房地產交易所，家在上海，卻在蘇州買下了偌大的家私」。

現在的建商蓋好房子主要用於出售，民國初年不是這樣。民初的建商不喜歡賣房子，喜歡把房子租出去，細水長流地收租過日子。朱文治的父親就是典型的民初建商，他在蘇州投資了整整一條巷子的住宅開發，不賣，保留自己的屋主身分，試圖讓子子孫孫都能做大房東。

與朱文治的父親同一時期在中國從事房地產生意的洋人很多，洋人入鄉隨俗，房子蓋好同樣以出租為主。當時在上海有個名氣很大的開發商叫沙遜，是英籍猶太人，號稱「上海地產大王」，曾經開發了「沙遜大廈」，就位於南京路外灘口上。沙遜大廈落成後，同樣是一間都不賣，全數出租，每年租金收入近百萬大洋。

沙遜本人的私宅在今日上海的常熟路與淮河中路交叉口，人稱「沙遜花園」，占地極大，電車從他們家門口經過，要停兩站才走得完。

建商的房產再多、私宅再大，都很正常，那是人家合法經營的回報。權貴們就不同了，他們是靠貪汙或挪用公款成為巨富的，套用馬克思的話，他們的房子從頭到腳，每一塊磚、每一片瓦，都滴著骯髒的血。

清末的大官貪汙鉅款，只為了留給兒子和孫子。民國成立後，兒子和孫子避居滬上，因為腰包太鼓，所以買了很多間房子，房產數量甚至超過建商。像是李鴻章的兒子、盛宣懷的女兒，在南京西路都有好幾百間房子，委託洋人分租出去，每年坐享大筆租金。這些大業主屬於富有的官二代，他們每一塊磚瓦之上，滴的是父輩們骯髒的血。

溫暖的庇寒所

軍閥是大業主，富商是大業主，官二代是大業主，只有平民百姓不是大業主，不但不是，還極可能身無片瓦，租都租不起，只能住貧民窟，或者露宿街頭，等著「路倒」。

政府當局眼見窮人「路倒」倒不致於無動於衷，當時救濟貧民的措施之一，就是在最寒冷的季節開辦「庇寒所」，讓無家可歸的窮人入住，暫時緩解凍餓之苦。翻翻民國初年的報紙，無論是上海還是南京，無論在華界還是租界，無論是北洋政府或國民政府，冬天都有開放「庇寒所」的慣例。這說明民國初年的執政當局也是有人性的。

然而，「庇寒所」屬於臨時救濟，無法長期解決窮人的居住問題，為此當局又蓋了廉價租屋，讓符合條件的窮人入住。只不過當時沒有

庇寒所開辦了

定本月十三日開始收容

登記期間九日起十五止

（正言社訊）本縣庇寒所，於昨晚假中央鎮公所，召開首屆座談會，決定（一）收容對象以各保貧民，及流浪貧民，（二）收容日期定本月十三日開始，（三）收容地點為「吳山第一」廟及湖心寺，（四）收容區域為城區九鎮暨匯東鄉第一二兩保，（五）登記期間自本月九日起至十五日止，（六）登記地點附設鼓樓下正一小學內，（七）登記手續，一、通知各鎮依限報送，每保不得超過一名，二、即製收容證送交各鎮保特發貧民，三、各保將應報送貧民在收容證上填載姓名戶籍，加蓋保圖記由該民憑證登記，四、無戶籍之流浪貧民得逕向正一小學內登記，（八）本所辦事處附設中央鎮公所，（

民國初年報紙上關於啟動庇寒所的新聞。

「廉價租屋」的概念，當時叫「平民住所」，又叫「勞工住宅」，有時候叫「市屋」——這是日偽政府的叫法。

民國初年的廉價租屋

從一九二八年到一九三一年，上海特別市政府分別在楊浦區、盧灣區和閘北區各興建了一個廉價租屋社區，每個社區都設有學校、禮堂、公廁和公共洗衣處，在這些社區裡居住的居民，每戶每月只需要繳納兩塊大洋左右的房租，比市場上同類房屋的租金水準低了五、六倍。

一九三〇年，漢口市政府籌備興建的「平民新村」同樣是廉價租屋社區，並於一九三三年蓋成，一個位於唐家庵，另一個位於苗圃，兩社區相加總共有九百間房屋，每間每月租金是大洋一塊六角[56]。這兩個社區的設計都一樣，都是一個大院子，有一個大門，門上釘著鐵牌子：×××平民新村。走進大門是一條煤渣路，路兩邊各蓋一排單層瓦屋，有的兩間一戶，有的一間一戶。屋裡沒有廁所，廁所是公共的。社區裡除了公共

無家可歸的一家三口，Jack Birns 攝於一九四八年。

廁所，還有公共學校、公共診所和公共禮堂，以及大門口旁的管理辦公室。

一九三四年，長沙市政府蓋了十一個廉價租屋社區，每個社區的房屋數量不等，大概是七百間上下，以樓房為主。樓房分上下兩層，上層兩間房，下層兩間房，四間房構成一棟。每棟樓前後各有一小平房，前面的小平房是廚房，後面的小平房是廁所。之所以把廚房和廁所蓋在屋外，主要是因為當時的長沙還沒有完善的供水系統和排水系統，廚房和廁所廢水只能排入沉澱池。一棟這樣的樓房可供兩戶家庭入住，上下各住一戶，兩戶家庭共用樓房前面的廚房和後面的廁所。社區裡有綠地，有一座獨立的禮堂，有一所學校，另外還有三、四間平房，分別做為社區診所、社區圖書室和社區管理員辦公室。社區管理員只有一個，通常由住戶選舉產生，也可以輪流擔任[57]。

一九三四年，青島市政府蓋了六個廉價租屋社區，社區規模都不大，共有房屋三千零六十八間，均為單層瓦房，每間十二平方公尺（三．六坪），一門一窗。每間月租是大洋一塊到一塊五角[58]。

一九三五年，廣州市政府蓋了三個廉價租屋社區，分別位於飛來廟、西堤二馬路和東郊青菜崗。這幾個社區的設計也一樣，房子都是雙層樓房，一樓全是一房一廳，每間月租毫洋四塊，折合新臺幣約五百到九百元；二樓全部是單間，每間月租毫洋八角，折合新臺幣約一百四十到一百九十元。社區裡的公共建築包括禮堂、診所、貧民教養學校、勞工子弟小學，大門口還有個辦公室，供社區管理員居住和辦公[59]。

很明顯，民國初年的廉價租屋房租確實很低，不過有鑑於渴盼廉價租屋的窮人太多，而政府蓋的廉價租屋太少，申請入住並不容易。

現在就以二線城市長沙為例，簡要說明當時廉價租屋的申請條件。

長沙市政府規定，申請入住廉價租屋需要具備以下條件：

一、因政府拆遷而失去住所，同時補償尚未到位、在長沙市內又沒有其他房屋可住的家庭；

二、有長沙戶口、在長沙居住、有正當職業、全家月收入在十五塊大洋以下的家庭。

同時還要排除以下居民的申請資格：

一、家庭成員當中有人在行政機關或事業單位上班；

二、家庭總存款、遺產與固定資產在二百塊

大洋以上；

三、有勞動能力而不去謀生者。

在當時的長沙，符合上述條件的申請人應該不下兩萬戶，但市政府建造的廉價租屋數量遠遠不夠，僧多粥少，怎麼辦呢？「由本府斟酌擇定，依照抽籤法而定之。」（《長沙市平民住宅租賃章程》）換言之就是透過抽籤決定，類似現在申購社會住宅時的電腦選號。

對於空屋的打擊

抗戰勝利後，由於法幣貶值、工薪階層實際收入下降、戰爭損毀房屋、戰後難民返回家園，以及政府對「敵偽財產」的不公平分配[60]等原因，各大城市的房荒來到了最嚴重的程度，以往「庇寒所」的救濟手段和「廉價租屋」的保障措施，對於解決多數人居住不易的難題來說，無異於杯水車薪。此時國民黨政府開始動用行政手段干預房地產市場，強迫家有餘屋的屋主出售或出租。

一九四七年十二月，南京國民政府頒布了如下命令：「可供居住之房屋，現非自用，且非出租者，該管政府得限期於一個月內命其出租。自用房屋超過實際需要者，依《土地法》第九十六條之規定，得限期命其將超出需要部分出租。」[61]

有人可能會說：既然房荒嚴重，房租肯定很

上海電話公司的職員在領薪水，Jack Birns 攝於一九四八年。

高，根本不用政府下令，大家就會把空屋租出去了。這話看似合情合理，實則不可靠，就以我們今日來說，臺北的房租夠高吧？為什麼還會有那麼多空屋呢？因為坐擁多間豪宅的屋主根本就不在乎那一丁點房租，他們還怕房客把牆壁弄髒了呢，往往寧可空著也不出租。

為了配合政府打擊空屋的政策，南京國民政府財政部修訂了房屋稅的計稅辦法：凡是寧可空置也不出租的屋主，每月必須加倍繳納房屋稅，如果拒不繳納，法院可以沒收其房產，交給政府做為廉價租屋[62]。

遺憾的是，那時國民政府正忙著和共產黨打仗，官僚正忙著貪汙腐敗和準備後路，很多有益民生的政策都沒能嚴格執行。於是乎，打擊歸打擊，空屋歸空屋，房荒還是愈來愈嚴重。

注釋

第一章　民國房地產戰爭

1 黃宗羲的學生屈大均是廣東人，目睹並身受了清廷遷界、禁海之害，講述了遷界和禁海的起因、歷程以及拆遷過程中殺害的人數。事見屈某筆記《廣東新語》卷二，「遷海」條。

2 詳見《艾瑪維多利亞導讀本》，森薰、村上著，臺灣國際角川書店二〇〇九年版。

3 倫敦的不列顛博物院藏有天地會內部的相關資料，編號分別為 Oriental 8207D、Oriental 8207E、Oriental 2339，其中記載了天地會的起源。

4 參見清人邵廷采《東南紀事》卷十二。

5 《步入中國清廷仕途——赫德日記（一八五四－一八六三）》，中國海關出版社二〇〇三年版，第三十頁。

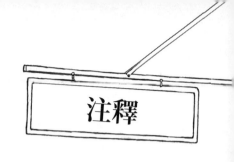

6 〔法〕梅朋、傅立德：《上海法租界史》，上海譯文出版社一九八三年版，第三〇〇至三〇一頁。

7 此表轉引自聶聞鐸《川滇鐵路宣昆段地價及土地徵收之研究》表七十二「昆明市內抗戰後省外遷入之機關及團體」，收錄於蕭錚主編的《民國二〇年代中國大陸土地問題資料》第八十五冊，臺灣成文出版社一九七七年影印版，第四四九九一頁。

8 此表轉引自聶聞鐸《川滇鐵路宣昆段地價及土地徵收之研究》表七十四「昆明市內抗戰第一周年內由省外遷入之新戶口」，收錄於蕭錚主編的《民國二〇年代中國大陸土地問題資料》第八十五冊，臺灣成文出版社一九七七年影印版，第四五〇〇〇至四五〇〇一頁。

9 詳見王棨一九三八年十二月調查報告，《昆明市房屋問題》第四章〈昆明市房價與房租〉，收錄於蕭錚主編的《民國二〇年代中國大陸土地問題資料》，臺灣成文出版社一九七七年影印版，第九十四冊。

10 很多朋友對「石」有誤解，以為一石即一百二十斤，這種誤解源於東晉遺老徐廣為《越絕書》做的注：「百二十斤為石。」事實上，「石」只是容量單位（後來出現的「擔」才是重量單位），且其大小在不同歷史時期和不同地區有很大差別。大體來說，隋唐一石是六萬毫升，兩宋一石是五萬八千五百毫升，明朝一石是九萬八千七百毫升，清朝一石是十萬零三百五十毫升，民國初年一石是十萬毫升，透過一石的具體容量和大米的容重，可以計算出一石米的實際重量。民國建立後曾改定度量衡，規定一石大米的標準重量為八十公斤。

11 聶聞鐸《川滇鐵路宣昆段地價及土地徵收之研究》中編〈宣昆段沿線五縣之地價〉，收錄於蕭錚主編的《民國二〇年代中國大陸土地問題資料》第八十五冊，臺灣成文出版社一九七七年影印版，第四四八四五頁。

12 沈從文一九三九年九月十九日致三弟沈荃的信，收錄於《沈從文全集》卷十八。

13 沈從文此信寫於一九四三年一月十一日。

14 抗戰時期昆明城區地價上漲情形，詳見聶聞鐸《川滇鐵路宣昆段地價及土地徵收之研究》表五十四「昆明市各區地價歷年之變動」，收錄於蕭錚主編的《民國二〇年代中國大陸土地問題資料》第八十五冊，臺灣成文出版社一九七七年影印版，第四四九二三頁。

15 這是冰心在昆明時寫的一篇小說，原題〈我的鄰居〉，最初在《關於女人》雜誌上發表，署名「男士」，後收錄於《冰心全集》第三卷。

16 沈從文這篇文章叫〈昆明冬景〉，寫於一九三九年二月。

17 詳見邢長銘《重慶市一年來地價之變動》第三章第一節「第一區地價之分布」，收錄於蕭錚主編的《民國二〇年代中國大陸土地問題資料》第八十四冊，臺灣成文出版社一九七七年影印版，第四四一三五頁。

18 資料來源同上注。

19 邢長銘《重慶市一年來地價之變動》第四章第二節「重慶市一年來地價漲落之原因」，收錄於蕭錚主編的《民國二〇年代中國大陸土地問題資料》第八十四冊，臺灣成文出版社一九七七年影印版，第四四三七七頁。

20 參見日本漢學家斯波義信的論文《宋代江南經濟史研究》。

21 宋人周密《齊東野語》卷八，「嘲覓薦舉」條：「子不見臨安丐者之乞房錢乎？暮夜號呼於衢路曰：吾今夕所欠十幾文耳。」意即杭州街頭有人以付不起房租為由向人乞討錢財。趙彥衛《雲麓漫鈔》卷四載，南宋紹興初年，「富家巨室，競造房廊，賃金日增」，江南城市居民付不起房租者居多，後有謠傳，政府將頒布限租令壓低房租，一時群情振奮，但等來等去，限租令始終沒有頒布，激起民憤，無房居住的小商販高嵩怒而刺殺鎮江知府張楠。由此可見，當時房租之高，已經超出普通人的承受能力。

22 這些文獻分別引自張天翼等人的調查報告《戰時的後方》，戰時出版社一九三七年版，以及陳存仁《抗戰時代生活史》，上海人民出版社二〇〇一年版。

23 參見一九五二年《武漢政報》第三卷第一期〈武漢市住房的基本情況〉。

24 《冰心全集》卷五。

25 筒子樓又稱為兵營式建築，一條長走廊串連著許多間房間。

26 這些物價資料散見於《那些傷過痛過的往事：一九四六－一九五六中國最後一個秀才家庭的千封家書》，上海三聯書店二〇一一年版，編著魯衛，責編陳若辰。

27 《聊齋志異》卷十一，「張氏婦」條，華夏出版社二〇〇八年版，第六四三頁：「凡大兵所至，其害甚於盜賊，蓋盜賊，人猶得而仇之，兵則人所不敢仇也。其少異於盜者，特不敢輕於殺人耳。甲寅歲，三藩作反，南征之士，養馬袞郡，雞犬廬舍一空，婦女皆被淫汙。時遭霪雨，田中瀦水為湖，民無所匿，遂乘桴入高粱叢中，兵知之，裸體乘馬，入水搜淫，鮮有遺脫。」

28 《聊齋志異》卷九，「劉夫人」條，華夏出版社二〇〇八年版，第五四五頁：「時方訛傳朝廷欲選良家女，犒邊庭，民間騷動，聞有少年無婦者，不通媒約，竟以女送諸其家，至有一夕而得兩婦者。薛亦新婚於大姓，猶恐輿馬喧動，為大令所聞，故暫遷於鄉。」同書卷五，「竇氏」條：「會民間訛傳，朝廷將選良家女充掖庭，以故有女者，悉送歸夫家去。」可知謠言不止一種，有的說要徵民女為營妓，有的說是要選充宮女，但無論是選充宮女還是選充營妓，都讓民間恐慌。在戲曲故事裡，多數父母希望自家女兒能選進宮裡，往往趕著把閨女往皇帝床上送，而在現實生活中，像這樣恬不知恥的父母並不多見，大部分家長還是希望孩子能夠平平淡淡、安安全全過一生的。據朱家溍先生《故宮退食錄》載，旗人和高官每逢朝廷選秀女，會偷偷地送紅包給采選太監，他們可不是為了讓女兒選中，而是為了讓女兒落選。另據嘉慶時的高官完顏麟慶《鴻雪因緣圖記》記載，其女兒未能通過秀女大選，家人非常開心，他兒子還寫了一首〈賀大妹撂牌子〉的詩表示慶賀。

29 蒲松齡成婚於順治二十二年，時年十五周歲，其妻劉氏十二周歲。過去雖流行早婚，也不至於這麼早，在正常年月，清代男性二十歲左右成婚，女性十七歲左右成婚，蒲松齡及其妻子之所以不到年紀就結婚，也是因為謠言——山東一帶謠傳清廷將大索漢家女子入宮。

30 魏樹東一九三四年五月調查報告，《北平市之地價、地租、房租與稅收》第三章第四節，收錄於蕭錚主編的《民國二〇年代中國大陸土地問題資料》，臺灣成文出版社一九七七年影印版，第七十七冊。

31 參見滿洲事情案內所主編的小冊子《滿洲快覽》，一九四〇年油印本。

32 《顏惠慶自傳：一位民國元老的歷史記憶》，商務印書館二〇〇三年版，第三二三頁。

33 參見《步入中國清廷仕途——赫德日記（一八五四－一八六三）》，中國海關出版社二〇〇三年版，第二七一頁。

34 詳見魏樹東一九三八年十二月調查報告，《成都市地價與房租之研究》，收錄於蕭錚主編的《民國二〇年代中國大陸土地問題資料》，臺灣成文出版社一九七七年影印版，第七十八冊。

35 參見陳存仁《抗戰時代生活史》，上海人民出版社二〇〇一年版，第一五〇頁。

36 南京國民政府行政院曾經頒布《私人使用汽車限制辦法》，要求私人汽車「憑行車執照，每三個月向當地主管交通管理機構領取購油證」。違反此規定者，「由交通管理機構吊銷其牌照與行車執照」。

第二章　民國初年的徵地和拆遷

1 《暴日獸行紀實畫》第一集第一節〈平南日寇強征民地修築機場〉，作者梁中銘，正氣出版社一九三八年版。原文較簡略：「日軍在平南造甲村以南地方，強迫占用劉家村十號門宏揆地十畝，唐村三十一號張德斌地三十三畝，又樊家村、南廣村等不下百餘畝，並強行簽訂租用草約，實行長期占用。我農民無法，只好忍痛簽字。」

2 出處同前注，這裡僅對原文做一節錄：「川沙白鶴港對面，有地名黃沙，縱橫約七十里，居民約三、四百人，敵軍占據後，辟成飛機場，將該灘之居民無論老幼完全屠殺，無一倖免。又顧家宅附近有四齡之孤童被寇軍腰斬，……其殘酷情形，聞所未聞。」

3 這一資料見於《天津市地價之研究》第二編第四章第五節〈從國內各大城市地價比較上觀察天津市地價之未來趨勢〉，作者房師文。

4 從一九三二年到一九三六年，日本政府前後組織了九批移民團，與此同時還有一些日本農民在「愛國熱情」的刺激下，未經政府安排，主動遷入偽滿治下的東三省定居。

5 詳見一九四〇年滿州事情案內所出版的小冊子《滿洲快覽．滿洲主要都市之住宅問題》。

6 參見《偽滿史料叢書．經濟掠奪》，吉林人民出版社一九九三年版，第七六一頁。

7 參見《偽滿史料叢書．經濟掠奪》，吉林人民出版社一九九三年版，第七五八至七五九頁。

8 轉引自《偽滿史料叢書．經濟掠奪》，吉林人民出版社一九九三年版，第七七八頁。

9 摘自溥儀《我的前半生》第八章第十節〈東北人民的災難和仇恨〉，群眾出版社一九八一年版。

10 有些學者單從字面意思理解，誤會了漲價歸公的含義，以為孫中山主張把不動產溢價全部收歸國有，其實不然，孫中山只是要求政府定期對私人產業估價，並在交易環節徵收一定比例的增值稅，以此來抑制炒地，減少食利階層。臺灣現行土地制度秉承了孫中山的想法，在土地買賣時，需依照前次移轉現值與本次買賣價值來申報土地增值稅，其計算方式為前後兩次地價增值部分，按增值兩倍、三倍、三倍以上，依照分級，依據二〇%到四〇%稅率課徵土地增值稅，並自用及非自用扣徵，稅率按持有年期長短分級扣徵。

11 按一九二八年《土地徵收法》第二十四條規定，土地徵收審查委員會應設委員長一人，委員四人或六人，其中委員長可由地方政府選派，其他半數委員應由農工商等社會團體派代表充任。

12 參見《南京市土地徵收之研究》第二章第八節，作者劉岫青是民國初年的大學生，這部《南京市土地徵收之研究》是他的調查報告和畢業論文。

13 按一九二八年《土地法》第五編第四章第三七六條和第三七七條之規定，土地徵收應照業主呈報地價及政府估定地價給予補償，政府每年至少估定地價一次，南京市政府即使按照估定地價來補償，也應該以一九二七年或一九二八年的地價為準，不能採用一九二六年的價格。

14 南京國民政府一九二八年七月二十八日頒布，收錄於《國民政府公報》第十八卷，臺灣成文出版社一九八〇年版。這裡為節錄，省去了〈徵收之效果〉和〈監督強制及罰則〉這兩部分。

15 晚清時期，成渝鐵路原為川漢鐵路的西段，清政府本擬修築，後歸民辦，川商發行股票廣為集資，募集修路經費一千萬兩，在宣統元年舉行開工典禮，但並未開工修築。此後清廷宣布鐵路國有，以低價收購甚至不開發票逃漏稅的方式把民辦鐵路轉為公辦，參與集資的商民血本無歸，集體抗議，被清廷以武力鎮壓，革命黨人趁機鼓動起義，殺掉四川總督，成立四川大漢軍政府，緊接著武昌起義爆發，辛亥革命成功，中國變色，民國建立。民國前期，主政四川的軍閥多次計畫修築成渝鐵路，但都因政局不穩和資金不足而作罷。

16 後來實際徵收五萬七千七百二十九畝。

17 參見黃人俊《成渝鐵路沿線地價之研究》第五章第一節〈路局徵收用地價格〉，收錄於蕭錚主編的《民國二〇年代中國大陸問題資料》第八十三冊，臺灣成文出版社一九七七年影印版，第四四一一二頁。

18 參見陸士圻《成渝鐵路沿線土地徵收之經過》第七章第一節表格「附著物遷移費補償金標準表領狀及保結」，收錄於蕭錚主編的《民國二〇年代中國大陸問題資料》第九十六冊，臺灣成文出版社一九七七年影印版，第五〇七六一頁。

19 這些地價資料由各縣政府公布，載於黃人俊《成渝鐵路沿線地價之研究》第五章第一節〈路局徵收用地價格〉，收錄於蕭錚主編的《民國二〇年代中國大陸問題資料》第八十三冊，臺灣成文出版社一九七七年影印版，第四四一一七至四四一二三頁。

20 黃人俊《成渝鐵路沿線地價之研究》第五章第一節：「以（民國）二十一年至二十五年平均價作為標準地價，再照標準地價，依各縣當地土地的特殊情形酌予增減，然後按核定地價發給。」

21 陸士圻《成渝鐵路沿線土地徵收之經過》第七章〈訴願〉載：「榮昌縣農民組成請願團，以徵收地價過低，懇請按市價徵收。」

22 《中國土地問題之統計分析》第六章第一節〈鄉村地價及其變動〉，南京國民政府內政部主計處編撰，正中書局一九四四年版，第九十八頁。

23 聶聞鐸《川滇鐵路宣昆段地價及土地徵收之研究》第六章〈宣昆段沿線地價之變動及其變動之原因〉，收錄於蕭錚主編的《民國二〇年代大陸中國土地問題資料》第八十五冊，臺灣成文出版社一九七七年影印版，第四四九八九至四四九九〇頁。

24 《冊府元龜》卷六五八。

25 參見黃芝《粵小記》卷一。

26 參見一九三六年七月十二日《申報》的相關報導。

27 參見《上海住宅建設志》第一篇第五章，上海社會科學院出版社一九九八年版。

28 參見房師文《天津市地價之研究》第二編第一章〈天津市地價之縱的考察〉，此書為一九三四年調查報告。

29 轉引自馮文洵編選的《丙寅天津竹枝詞》。

30 聶聞鐸《川滇鐵路宣昆段地價及土地徵收之研究》第六章〈宣昆段沿線地價之變動及其變動之原因〉。

第三章　從魯迅買屋看民初房市

1 關於宋朝官員租屋情形，可參見拙著《千年房市：古人安心成家方案》第三篇〈租房時代〉之

〈官員租房〉，貓頭鷹出版社二〇一七年版。

2 齊壽山，魯迅的老鄉、朋友、留日同學兼教育部同事。

3 魯迅看中房子後，繪圖給二弟周作人和三弟周建人，徵求兩人意見。

4 此時周作人在日本探親，即將攜妻小回國，但當時魯迅租住的紹興會館向來不許女眷入住，所以必須另租住所。

5 泉，即錢。

6 在民國初年，買賣契約（即現在的購屋合約）是最關鍵的產權憑證，魯迅怕買到有產權糾紛的房子，前往市政公所檢驗契約真假。

7 過去不動產交易須有一、二中間人做公證，事後如有糾紛，中間人須負責解決，所以交易時必須付給中間人一筆傭金。

8 指周建人從紹興老家匯寄大洋一千塊，這筆錢是賣掉「多年聚住老屋」的售房款。

9 周建人匯寄大洋六百塊，仍為紹興老宅售房款。

10 交足頭期款後，魯迅開始裝修，按民初慣例，無論北洋政府還是上海租界工部局，都要求屋主在建造或裝修房屋之前先到政府報批，領取執照後才能動工，這樣既可以收取「執照費」和「勘察費」，增加財政收入，又可以防止屋主亂搭亂建，占據公共空間。如一九二八年第一期《鄭州市政月刊》刊登布告云：「鄭州市各處的房屋，不是偏斜不正，就是妨礙交通，這是什麼緣故？就是以前的官廳方面不能指導你們，不能為你們預先籌備。現在市政府是代表本市區民辦事的機關，諸位同胞要想建築新定的房屋，或是翻舊換新，都要先到本府裡來報告，當即派員勘驗，確於公共交通沒有阻礙，才可准你們動工。為什麼要這樣手續呢？就是本府為你們大家的交通便利定好了各街各巷的寬度，假設你們隨便蓋起房子來，把本府計畫的街巷寬度擠窄，那就於大家的交通不方便了。近來有許多的同胞，不管是不是阻礙交通，私自動了工，蓋好了一大半才來報告，這全是不對的，不但要受罰，還要拆去另蓋，這不是自尋煩惱、自己受損失嗎？各界同胞們，要想建築新的房屋，必須在沒有動工的前十天到本府來報告，把建築的手續弄清了，領了執照，再去動工。切切此布。」

11 魯迅買房時款項不足，多方籌資後，仍需向銀行申請短期貸款。

12 魯迅買定房屋並完成基本裝修後，向教育部請假回紹興，接母親、三弟和夫人朱安進京同住。

13 繳納契稅一百八十塊。

14 這一奇特風俗詳見拙著《千年房市：古人安心成家方案》第四篇〈住房政策〉之〈賣房先問親鄰〉。

15 一九三六年三月四日《申報》評論。

16 許欽文《魯迅日記中的我》：「有一個在銀行裡做事的熟人告訴我，德國通行這樣的辦法：錢不多的人也可以造房子住，就是先籌備一點錢買一塊地，把地契押在銀行裡，把押得的錢來造房子。房子造好後，把房屋的證據押在銀行裡，把押得的錢來清理工料帳，每月付利息。他勸我這樣做，我就在錢塘門外石塔頭蓮花涼亭買得一畝一分的菜地，兩旁都是同善堂的義塚，前面靠路，後邊是通西湖水的小河，防火是最好沒有的了。造得一間二十尺長、十四尺寬的陳列室，算作元慶紀念堂。……這樣造得房子，只要按月付利息，死了以後，如沒有人繼續付利息，就由銀行把房子收去。我這所亂葬堆裡的新房子，有人叫做小花園洋房，我算是屋主。但我這屋主實在是假的，因為欠著債，屋據、地契都押在銀行裡。」

17 在一九一九年十月十七日、十月二十七日、十一月八日、十一月十四日、十一月二十六日，魯迅每次付木工五十塊，十一月二十九日結清餘款一百七十五塊，並支付玻璃錢四十塊，工本合計四百二十五塊。

18 《魯迅日記》：「在八道灣宅置水道，付工值銀八十元一角。水管經陳姓宅，被索去假道之費三十元，又居間者索去五元。」

19 《廣東高等法院月報》一九三一年第二卷第五期〈梁先榮與鐘沛因抵押涉訟控告案〉。

20 參見南京國民政府司法部《民事習慣調查報告錄》，中國政法大學出版社二〇〇五年版，第五七一頁。

21 參見吳承禧《中國的銀行》，商務印書館一九三四年版。

22 參見《新唐書》卷五十五。

23 參見《冊府元龜》卷一百五十九。

24 參見《二十五年來北京之物價、工資及生活程度》，孟天培、甘博著，李景漢譯，原刊於《北京大學社會科學季刊》第一～二期，一九二六年版，第十七頁。

25 這樣的比價並不嚴格，因為麵粉的種類和品質千差萬別，民初光是北京的麵粉就有「機器麵」和「伏地麵」兩大類，「機器麵」又有「炮臺」牌、「兵船」牌、「山鹿」牌、「雙馬」牌、「紅牛」牌等二十多種牌子，不同品牌的零售價格都不一樣。而且當時的「斤」稍大，通常超過五百克。不過考慮到比價只是用來粗略衡量大洋價值的一個簡便方法，上述因素所造成的誤差應該是可以容許的。

26 參見許壽裳《亡友魯迅印象記》，峨眉出版社一九四七年版。

27 民國四年北京鑲白旗滿洲明昆父子賣房白契：「立賣房字人鑲白旗滿洲恆齡佐領下已故恆惠之子明昆、子伊洪額，因手乏無資，有祖遺住房一所，坐落在阜成門內王府倉胡同西頭路北，正房三間、東西廂房四間、南房二間、門道一間、西耳房一間，共計房十一間，門窗戶壁俱全，上下土木相連，今憑中人說合，情願將此房賣與屈姓名下為業，言明賣價銀一百五十圓整。其銀筆下交足，並無欠少。自賣之後，如有親族人等爭論，以及重複典賣情弊，俱有賣主一面承當。恐口無憑，立字為證。」此契收錄於張傳璽主編的《中國歷代契約會編考釋》，北京大學出版社一九九五年版。

28 這些統計資料見於魏樹東一九三四年調查報告《北平市之地價、地租、房租與稅收》第三章第四節。

29 民國十年大興縣鄂蔡氏賣地白契：「立賣自置紅契地字人鄂蔡氏，有祖遺紅契地四畝三分，坐落大興縣大康家營村，經前有劉百順現租種，今因本宅意欲出售，定價每畝銀洋某元某角。現租種地人親托中人說合，情願按照本宅賣價，留買價銀洋柒元整。當日筆下交足，價款不欠，此地歸新業主劉百順名下永遠為業，打井、蓋房均由新業主。倘有親族人等爭論，全有舊業主擔負，與新業主無干。恐口無憑，立此賣字為證。」該契原件現由筆者朋友李翠屏老師收藏，契中買地人「劉百順」是她男友的曾祖。

30 民國十六年北京松海賣地白契：「立賣地人松海，因手乏無錢使用，有自置地一段，一畝五分，坐落在東直門外廣西門內南邊，情願賣與金光儕名下為業，使土蓋房、葬墳打井，上至青天，下至黃泉，俱不與松姓承管。言明賣價三十六元整。其洋筆下交足，並不欠少。此後如有親族人等爭論，俱有松姓一面承擔。不與金姓相干。空口無憑，立字為證。」此契收錄於張傳璽主編的《中國歷代契約會編考釋》，北京大學出版社一九九五年版。

31 冰心《關於自傳》，最初發表於《文壇》一九四二年五月第三期。

32 當時重慶地政學院黃人俊調查報告：「紐約、芝加哥、倫敦諸市，每畝地價皆在三百萬兩以上，聞之令人咋舌。」

33 在教育部任職時，每月二十六日或二十七日，魯迅通常會在日記裡留下「收本月俸泉三百」的紀錄。

34 從一九一〇年到一九二六年，魯迅一直在北大和北京女子師範大學講課，在他日記裡，「往師校講，收某月分薪水若干元」、「往北京大學講，收某月分薪水若干元」這類紀錄很多。

35 據周建人分析，魯迅最初之所以逛琉璃廠，是因為從南京臨時政府調到北京任職的官員大多受到袁世凱政權的猜忌，以至於很多「南方系」官員必須想法設法表明自己沒有政治野心，譬如經常逛妓院，經常聚在一起打麻將等，以此來避開猜忌。魯迅不喜歡逛妓院，也不擅長打麻將，就選擇了買拓片和鈔古碑，結果一發不可收拾，本來明哲保身的方式變成了他最大的愛好，每星期不去琉璃廠搜羅一番就心癢難撓。

36 胡媽、王媽和潘媽。胡媽負責買菜、煮飯和打掃，王媽專職侍候魯迅母親，潘媽專職侍候朱安。

37 參見王子建《中國勞工生活程度——十四年來各個研究的一個總和》，原載於社會科學調查所主辦的《社會科學》雜誌，一九三一年六月第二期。

38 原載於一九三〇年二月二十七日天津《大公報》「婦女與家庭」副刊，題名〈一頁家庭帳〉。為了適合現代讀者的閱讀習慣，這裡把標點改成了新式標點，把「那知道」改成了「哪知道」，其他按原文照錄。

39 陳岳麟《南京市之住宅問題》第一章〈近來南京市的發展〉，一九三六年十二月印行。

40 陳岳麟《南京市之住宅問題》第三章〈南京市住宅的數量問題〉，一九三六年十二月印行。

41 參見張天翼等的調查報告《滬戰爆發後的南京》，戰時出版社一九三七年版。

42 房師文《天津市地價之研究》第二編第一章第二節：「北京政府官員咸卜居於此，外國公使領事等亦多駐節於天津各租界，軍閥一旦事敗，逃亡天津，又有租界為護身符，此輩因償來之物甚易，並不注意土地價值之大小，唯在得地而已。」

43 據溥儀回憶錄《我的前半生》，他在日租界定居之前，曾想在英租界買房子，因為英國人對他的態度不如日本人親厚，遂打消了在英租界置產的想法。

44 房師文《天津市地價之研究》第二編第三章第二節：「天津市之地產公司並不甚發達，調查所得僅有和利等二、三家，……而私人及銀行經營地產事業者則甚多，據和利地產公司聲稱，天津一埠至少當在二百家以上。其中銀行之經營地產事業者，如買賣土地、建築房屋等，亦為數甚夥，蓋因城市發展地價之必將騰貴者甚為明顯，且他事業恆不能得平均之利益，一般擁有資產者遂咸競爭於此焉。至於私人之經營地產者，多為舊軍閥、官僚等中產階級。」

45 馮文洵《丙寅天津竹枝詞》：「寸土休誇值寸金，盛衰消長繫人心。忽然買賣聲沉寂，為鑑前車漢與潯。」「漢」指漢口，「潯」即九江。這首竹枝詞下有小注：「天津地基房產價格向來昂貴，自漢口、九江發生問題後，無人過問矣。」

46 參見《上海房地產志》，上海社會科學院出版社一九九九年版。

47 一九四六年四月二十一日《申報》評論〈解決屋荒的合理辦法〉，作者是學者陳仲明，曾在復旦讀書，一九四九年後任復旦大學教授。

48 此前的崩盤發生在太平天國滅亡之後和國民革命軍北伐時期，敬請參見本書第一章。

49 所引內容為一九三二年十二月二日《中央日報》第六版新聞，新聞標題很長：「最近數年之廣州地價房租飛漲不已，番禺居亦不易，省府令市府妥籌解決辦法」。該新聞由臺灣讀者王子修先生從臺北的國立中央圖書館六樓漢學研究中心抄錄，在此向王先生致謝。

50 從一九三二年十月的《華字日報》刊登的物價表可知，花十元毫洋可買八十公斤大米，花兩角毫洋可以在廣州最高級的茶樓喝一杯配有精緻點心的咖啡，花一角毫洋可以在普通茶餐廳吃一頓比較簡單的飯菜。

51 參見「廣州市政府及所屬機關文官官等俸級比照表」，收錄於《中華民國法規大全》，商務印書館一九三七年版。

52 購屋者叫「成」，賣屋者叫「破」，拙著《千年房市：古人安心成家方案》第二篇〈樓市也瘋狂〉之〈成三破二〉一節對這種稱呼的來源有詳細解釋。

53 參見《中國民事習慣大全》第二十七至三十一頁，廣益書局一九二四年版。

54 一九三一年十月二十九日徐志摩寫給陸小曼：「孫大雨家貝當路那塊地立即要出賣，他要我們給他想法。他想要五千兩，此事瑞午有去路否？請立即回信。如瑞午無甚把握，我即另函別人設法。事成我要二釐五的一半。如有人要，最高出價多少，立即來信。賣否由大雨決定。……今天正發出電報，等候回電，預備走。不想回電未來，百里卻來了一信。事情倒是纏成個什麼樣子？是誰在說競武肯出四萬買，那位趙先生肯出四萬二的又是誰？看情形，百里分明聽了日本太太及旁人的傳話，竟有反悔成交的意思。那不是開玩笑了嗎？為今之計，第一先得競武說明，並無四萬等價格，事實上如果他轉賣出三萬二以上，也只能算作傭金，或利息性質，並非少蝶一過手即有偌大利益。百里信上要去打聽市面，那倒無妨。我想市面決不會高到哪裡去。但這樣一岔，這樁生意經究竟著落何處，還未得知。我目前貿然回去，恐無結果；徒勞旅費，不是道理。我想百里既說要去打聽振飛，何妨請少蝶去見振飛，將經過情形說個明白。振飛的話，百里當然相信。並且我想事實上百里以三萬二千元出賣，決不吃虧。他如問明市價，或可仍按原議進行手續，那是最好的事；否則就有些頭緒紛繁了。至於我回去問題，我哪天都可以走，我也極想回去看看你，但問題在這筆旅費怎樣報銷，誰替我會鈔。我是窮得寸步難移；再要開窟窿，簡直不了，你是知道的，所以只要生意確有希望，錢不愁落空，那我何樂不願意回家一次。」

55 參見《順義縣誌》卷六〈賦役志〉，臺灣成文出版社一九六八年版，第三六〇至三六一頁。

56 《魯迅日記》：「午後往本司胡同稅務處稅房契，計見泉百八十。」

57 參見《上海市轉移中筆費及地保蓋戳費計算法》，引自陳雲林《上海地產大全》，上海地產研究所一九三三年印行，第二二六至二二七頁。

58 一九二三年魯迅與周作人鬧翻，搬出此前購買的八道灣四合院，在北京阜成門內西三條胡同另買了一間小四合院，八百塊大洋成交。

59 民國初年的上海物價極高，故此大洋購買力比北京低得多，魯迅在上海居住時，每次買米五十磅，需大洋五、六塊，一塊大洋只合新臺幣九十五塊左右。

60 參見魏樹東《北平市之地價、地租、房租與稅收》第六章，一九三四年五月印行。

61 《鄭州市政月刊》一九二八年第一期，〈為徵收房捐敬告民眾書〉。

62 一九二一年十一月二十七日《申報》評論。

第四章　民初房荒和廉價租屋

1 參見沈從文一九二九年作品《一日的故事》。

2 參見蘇青的自傳體小說《結婚十年》。

3 沈從文〈記胡也頻〉，此文寫於一九三一年，丁玲男友胡也頻遇難後。

4 同前注。

5 沈從文〈記丁玲〉：「房中除去一桌一椅一木床外，別無他物，兩人因此把被蓋攤開，就住在我房中樓板上。」

6 沈從文〈記丁玲〉，嶽麓書社一九九二年版，第一二八頁。

7 詳情參見第三章〈從魯迅買屋看民初房市〉。

8 魯迅一九二七年一月八日入住景雲里二十三號，次年九月十日移居景雲里十八號，又次年二月二十一日移居景雲里十七號。他在景雲里租屋長達兩年，期間搬過兩次家，但沒有離開這一區。

9 郭沫若一九二五年作品〈亭子間中〉。

10 王昌年《大上海指南》第六篇第一章〈上海衣食住，住居其首〉，東南文化服務社一九四七年版，第一〇一頁。

11 一九三二年十二月二日《中央日報》第六版。

12 一九四七年十二月五日《大報》第四版。

13 陳岳麟《南京市之住宅問題》第三章〈南京市住宅的數量問題〉，一九三六年印行。

14 陳岳麟《南京市之住宅問題》第四章〈南京市住宅的租賃問題〉，一九三六年印行。

15 《新廣州》第一卷第二期〈如何解決廣州市之住宅問題〉，廣州市政府一九三一年印行，第十三頁。

16 同前注。

17 上述調查結果見於余啟中《廣州工人家庭之研究》，國立中山大學經濟調查處一九三四年印行。

18 冰心〈我的擇偶條件〉：「新近搬了一次家，居然能從五個人合住的一間屋子，搬到一間臥室、一間書房連客廳的房子裡來，雖然仍有一個屋伴，在重慶算是不容易的了。」按，冰心描寫的並非自己，而是多數去重慶定居的新移民生活。冰心到重慶之後，曾用稿費在歌樂山的半山腰買了一間舊房子，取名「潛廬」，平日她帶著孩子在「潛廬」生活，丈夫吳文藻在市區上班，住在宿舍裡。

19 這兩首〈竹枝詞〉均收錄於羅田和王葆心主編的《漢口竹枝詞》，江漢采風社一九一五年徵集並輯錄，武昌益善書局一九三三年出版。

20 加藤鎌三郎《北京風俗問答．北京之房價》，著於一九二四年，東京大阪屋號書店一九三九年出版。

21 該文獻抄錄自加藤鎌三郎《北京風俗問答》第十七章與第十八章，對話中的「房價」其實指房租，稱房租為房價是老北京慣例。

22 抄錄於《星期日畫報》，一九四八年第十二期，題為〈美國紐約也鬧房荒〉。

23 曾有學者呼籲節育，見許晚成《最新實驗男女避孕法》附錄，〈在今日我國的生活狀態和人口上要限制生產〉，國光書店一九四一年版。

24 參見許晚成《最新實驗男女避孕法》，國光書店一九四一年版。

25 參見一九四七年九月十八日《大報》第四版。

26 一九二八年《上海特別市社會局業務報告》第一期，第二八四頁。

27 徐志摩〈我過的端陽節〉，刊登於一九二三年六月二十四日《北京晨報》副刊。

28 曹聚仁〈哀感與愛波〉，刊登於一九二三年六月一日《上海民國日報》覺悟。

29 徐志摩曾在法租界租住花園洋房，月租高達一百多塊大洋，相當於一個黃包車夫一年的總收入。

30 參見馮玉祥一九三三年一月十五日日記。

31 晉用〈常熟的農村〉，收錄於俞慶堂主編的《農村生活叢談》，申報館一九三七年版。

32 企之〈久違了的故鄉宜興〉，收錄於俞慶堂主編的《農村生活叢談》，申報館一九三七年版。

33 參見李景漢《北平郊外之鄉村家庭》，商務印書館一九三三年版。

34 何天爵《真正的中國佬》，鞠方安譯，中華書局二〇〇六年版，第二四七頁。

35 「我」指著名詩人臧克家，這段文獻抄錄自臧克家於一九三五年二月十二日發表在《申報·自由談》上的文章。

36 吳曉晨《浙西湖屬一帶的蠶農生活》，申報館一九三七年版。

37 參見民初小說《人海潮》第一回〈鄉愚好事競拜雛兒，豔魄多情下嬪泥婿〉。

38 參見鄧雲特《中國救荒史》，商務印書館一九三七年版，第一三三頁。

39 這一資料來自《民國天津社會生活史》。

40 一九四八年五月三日《大公報》。

41 在茅盾長篇小說《子夜》裡，曾任縣長的李壯飛說：「戰爭一起，內地的盜匪就多了，共產黨紅軍也加倍活動了，土財主都帶了錢躲到上海來。」《子夜》裡還有一位叫馮雲卿的土財主，因為「最近內地土匪蜂起，農民騷動」，他把所有錢財都轉移到上海，過起了寓公的生活。《湖北縣政概況》第六五〇頁：「近兩、三年中，被水災匪患甚多，富裕之家每多遷入武漢，故地方金融異常枯竭，民商周轉多感困難。」唯心學院一九三九年調查報告《江浙皖實態調查彙集》第二十四頁：「日軍發動侵華戰爭後，四鄉匪患蜂起，鄉間地主多挾資財避居上海。」

42 參見鮑家駒《漢口市住宅問題》第三章〈漢口市棚戶住宅現狀及其問題〉，一九三七年印行。

43 參見陳岳麟《南京市之住宅問題》第五章〈南京市住宅的衛生問題〉，一九三六年印行。

44 參見盧漢超《二十世紀初日常生活中的上海》，段煉、吳敏、子羽等譯，上海古籍出版社二〇〇四年版。

45 馮文洵《丙寅天津竹枝詞》小注：「工料日昂一日，灰石磚瓦供不應求，非一年前預約不得買。」另據上海建築學會一九三二年第三期《建築月刊》所附「建築材料價目表」，普通多孔磚每塊要價〇．一八兩，折合大洋兩角五分，馬賽克地板磚每平方要價四．二兩，折合大洋近六塊，拉黃包車一天的收入僅夠買兩塊磚，一個月的收入僅夠買兩塊地板。

46 當時的人顧振福有一首〈竹枝詞〉，題為〈自來水〉：「城北方塘一鑑開，千萬龍蛇地下排。問渠哪得清如許，為有源頭活水來。」

47 魯迅〈靠天吃飯〉，原刊於《太白》一九三五年七月號。

48 參見董國祥《重慶市地價與房租之研究》，收錄於蕭錚主編的《民國二〇年代中國大陸土地問題資料》，臺灣成文出版社一九七七年影印版，第七十八冊。

49 《廣州市政評論》一九四七年第九卷第一期，第二十七頁。

50 參見一九二四年十二月八日天津《民國日報》。

51 參見《直奉兩軍閥首領曹錕張作霖軼事》第六十六章〈張作霖經商之勝敗〉，振民編輯社一九二二年版。

52 參見溥儀《我的前半生》第四章第二節〈我和直奉將領之間〉。

53 參見《直奉兩軍閥首領曹錕張作霖軼事》第四十章〈曹氏昆弟之財產〉，振民編輯社一九二二年版。

54 參見《直奉兩軍閥首領曹錕張作霖軼事》第四十一章〈曹錕宏開壽域記〉，振民編輯社一九二二年版。

55 宣南吏隱《民國官場現形記》。

56 參見鮑家駒《漢口市住宅問題》第三章〈漢口市棚戶住宅現狀及其問題〉，一九三七年印行。

57 參見《長沙市平民住宅租賃章程》，長沙市政府一九三五年頒布，轉引自《中國勞動法令彙編》，會文堂新記書局一九三七年版，第三二六至三二七頁。

58 參見湖北地方政務研究會調查團《調查鄉村建設紀要》第三編〈青島報告〉，湖北地方政務研究會一九三五年版。

59 參見《廣州市勞工住宅組織章程》，廣州市政府一九三五年頒布。

60 抗戰時市民出逃，其房產被日偽和漢奸占據，抗戰勝利後，這些房產大多被當成「敵偽財產」收歸國有，然後被接收人員瓜分，參見一九四六年七月二十四日《時事公報》第二版〈解決首都房荒，端在合理分配民房〉。

61 轉引自一九四七年十二月五日《大報》第四版。

62 參見一九四七年十二月十五日《大報》第四版。

圖片出處

頁四十一　收錄於《中國貨幣畫冊》，河南大學出版社一九九八年版。

頁四十三　英國國家圖書館藏，編號9056.p.10 [46]。

頁四十五　轉自《內戰結束的前夜》，廣西師範大學二〇〇九年版，第二十六頁。

頁六十　鄭州張海波先生藏品。

頁七十四　收錄於《A Photographer in Old Peking》，牛津大學出版社一九八六年版。

頁九十　刊於《暴日獸行紀實畫》第一集，正氣出版社一九三八年版。

頁九十三　鄭州張海波先生藏品。

頁一〇七　《南京百年城市史（人物卷）》，南京出版社二〇一四年版。

頁一二七　引自聶聞鐸《川滇鐵路宣昆段地價及土地徵收之研究》附錄。

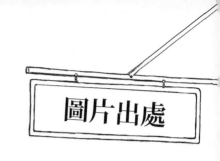

頁一五三　美國杜克大學圖書館藏，編號203-1132。

頁一五五　美國杜克大學圖書館藏，編號307-1757。

頁一五七（右）　《寧波民國日報》，一九四二年一月十三日第四版。

頁一五七（左）　《寧波民國日報》，一九四一年四月三日第二版。

頁一六六　北京大興區居民李翠屏女士提供。

頁一八三　《潮落金陵》，黃山書社二〇一三年版。

頁一八五　引自World War II Database。

頁一八六　引自World War II Database。

頁一九三　引自《一八六〇－一九三〇：英國藏中國歷史照片》下冊，國家圖書館出版社二〇〇八年版。

頁一九五　《內戰結束的前夜》，廣西師範大學出版社二〇〇五年版。

頁一九七（右）　收錄於《中國貨幣畫冊》，河南大學出版社一九九八年版。

頁一九七（左）　鄭州張海波先生藏品。

頁二〇〇　引自《畫說老上海》，華藝出版社二〇一〇年版。

頁二〇九　引自《畫說老上海》，華藝出版社二〇一〇年版。

頁二一三　《內戰結束的前夜》，廣西師範大學出版社二〇〇五年版。

頁二二七　現藏日本京都大學圖書館，編號2526-00。

頁二三一　刊於《燕京畫報》一九三三年第二期。

頁二四六　收錄於《ShangHai》，上海字林西報一九三九年版。

頁二四九　收錄於《一八六〇－一九三〇：英國藏中國歷史照片》下冊，國家圖書館出版社二〇〇八年版。

頁二五〇　《內戰結束的前夜》，廣西師範大學出版社二〇〇五年版。

頁二五三　《內戰結束的前夜》，廣西師範大學出版社二〇〇五年版。

頁二五七　《內戰結束的前夜》，廣西師範大學出版社二〇〇五年版。

頁二六四　《浙甌日報》，一九四九年一月八日第二版。

頁二六六　《內戰結束的前夜》，廣西師範大學出版社二〇〇九年版。

頁二七一　《內戰結束的前夜》，廣西師範大學出版社二〇〇五年版。

HISTORY 037

民國房地產戰爭

作　者—李開周
主　編—邱憶伶
責任編輯—陳詠瑜
封面設計—海流設計
內頁設計—張靜怡
插　畫—陳若凡
總 編 輯—李采洪
發 行 人—趙政岷
出 版 者—時報文化出版企業股份有限公司
一〇八〇三臺北市和平西路三段二四〇號三樓
發行專線—（〇二）二三〇六—六八四二
讀者服務專線—〇八〇〇—二三一—七〇五
（〇二）二三〇四—七一〇三
讀者服務傳真—（〇二）二三〇四—六八五八
郵撥—一九三四四七二四時報文化出版公司
信箱—臺北郵政七九～九九信箱
時報悅讀網—http://www.readingtimes.com.tw
電子郵件信箱—newstudy@readingtimes.com.tw
時報出版愛讀者粉絲團—https://www.facebook.com/readingtimes.2
法律顧問—理律法律事務所　陳長文律師、李念祖律師
印　刷—勁達印刷有限公司
初版一刷—二〇一八年五月十八日
定　價—新臺幣三六〇元
（缺頁或破損的書，請寄回更換）

時報文化出版公司成立於一九七五年，
一九九九年股票上櫃公開發行，二〇〇八年脫離中時集團非屬旺中，
以「尊重智慧與創意的文化事業」為信念。

民國房地產戰爭／李開周著. -- 初版. -- 臺北市：
時報文化, 2018.05
304 面；14.8×21 公分. --（HISTORY；37）
ISBN 978-957-13-7400-0（平裝）

1. 不動產　2. 不動產業　3. 民國史

554.89092　107006091

ISBN 978-957-13-7400-0
Printed in Taiwan